宇宙飛行士・野口聡一の着陸哲学に学ぶ

©JAXA/NASA

歳からはじめる
定年前退職

野口聡一

oguchi

SHUFUNOTOMOSHA

50代は人生の折り返し地点

「人生100年」といわれる時代を迎えました。

60歳定年を目前にした50代のみなさんは、この長い人生の折り返し地点に立っているに過ぎません。

なのに、会社人生が終われば人生そのものが終わってしまうかのように思い込み、収入・モチベーション・アイデンティティの「三重沈下」に悩む人たちが実に多いのです。

まず心配なのが、収入を確保できるかでしょう。

同じ会社に居続けようと定年延長してみても、受け取れる金額は現役時代の7〜8割。いやそれよりも、もっと減ってしまうかもしれません。子どもがまだ成人を迎えていないなら、「この金額でどうやって子育てするんだ」とふさいだ気持ちになってしまうでしょう。でも、定年を迎えた後で転職しようにも当てがなく、仕方なく今の会社に居続けたまま、処遇に不満を持ち続けるしかありません。

次に問題なのが、モチベーションの低下です。

責任ある管理職を離れ、事務仕事を任されるケースも少なくありません。それまで自分に仕えていた部下が、定年を境にいきなり自分の上司となり、指図されるようになることもあるのですから。

さらに自らのアイデンティティ（存在価値）も見失いがち。

管理職として組織の上位に位置付けられた方はすっかりプライドが傷つけられ、会社に居続けるモチベーションが急に下がるのは、致し方ないでしょう。

定年を前にしたみなさん。

この「三重沈下」を回避するために、発想を転換しませんか？

たとえ、それまでの会社人生が終わりになろうとも、これから本当のライフプランが始まるのです。もはや会社での評価に依存せず、自分自身の物差しで人生を組み立てるのです。

真面目に社会人として勤め上げてきた人たちには、会社の外から見ると、びっくりするような価値あるスキルが眠っていることがあります。それを生かすには、発想の転換が必要です。

例えば、「人生とは、足し算ではなく掛け算」だと発想していただきたい。係長に何年か足して課長、課長に何年か足して部長、という足し算の出世競争みたいな発想は、もうおしまいにしましょう。

組織を離れた人生では、「現役時代に培った実務能力と地元の人的ネットワークを掛け合わせて新しいビジネスを始める」とか「得意の話術や文章表現力を生かし、仕事の経験を膨らませて著述業や講演業にチャレンジしてみる」といった自分の得意技に持ち込んで、自分の経験との掛け算をしてみる。それがシナジー効果を生み出して自己実現につながり、肯定感や幸福感を得られるはずなのです。

転職に踏み切れず50代を無為に過ごしてしまうなんて、実にもったいない。自分の中に眠る可能性に目を向け、空になった〝やる気タンク〟にもう一度燃料を詰めて、新しい方向へ飛び出していきませんか。

棚卸しをしてみよう

「言うは易く　行うは難し」と思われた人もいることでしょう。

そういう方は、自分自身の心の内側を少し探ってほしいと思います。ややもすると、自分のことは差し置いて、会社や日本の組織のあり方にばかり不満をぶつけ、「こんな社会だから、ダメなんだ」みたいな気分にどっぷり浸かってはいませんか。そんな風にマイナス波を出しっぱなしでは、疲弊してしまいますよね。

もっとポジティブになれるはず。そこで、私はみなさんにご提案したい。

自分の棚卸しをしてみませんか。

ここでいう棚卸しとは、自分なりの評価事項を自分自身の履歴書に書き込んでみることを指します。そうすると、きっと自分の得意技が見つかるはず。これを後半生のライフプランに持ち込んでみましょう。

棚卸しとはそもそも、会社の在庫を確認する作業のことを言いますが、自分の人生を在庫確認してみると、意外にも、自分で自分の評価ができていないことに気付くはず。

会社組織の中にいると、「自分を過大評価するな」みたいな風潮ってありますよね。あるいは、会社内の地位にひもづけて「私は課長になれなかったから、ダメだ」みたいな評価軸があると思います。

私が言う棚卸しとは、そこから抜け出す手だてになるはず。だって、長年にわたって社会人として生きてきたんです。必ず、何らかのスキルがあるはずで、それを自分で評価しないのは、もったいない。罪でもあると言いたいのです。

ほとんどの方は、会社という組織の中で、会社の論理に沿ってキャリアパスを積み上げていきます。つまり会社という他者から与えられたライフプランを丸のみしている状態です。それで順調に出世していけるなら悩みはないでしょうが、何らかの理由で出世が阻害され、望まない転勤などを命じられて想定していたライフプランに狂いが生じると、人は悩み始めるわけです。

だったら、会社に依存したままの評価方法を変えましょう。真逆の発想をするんです。

つまり、自分がもともと持っていた良さに気付いていないだけじゃないか、会社人生を通じて凝り固まった価値観に固定化されてしまって持てる能力を生かせずにきただけじゃないのか、と。
「自分にできることは何なのか」と常に問いかけるのです。
そして、次に踏み出すための決断とは、いったい何か。
この一点を、本書で解き明かしたいと思います。

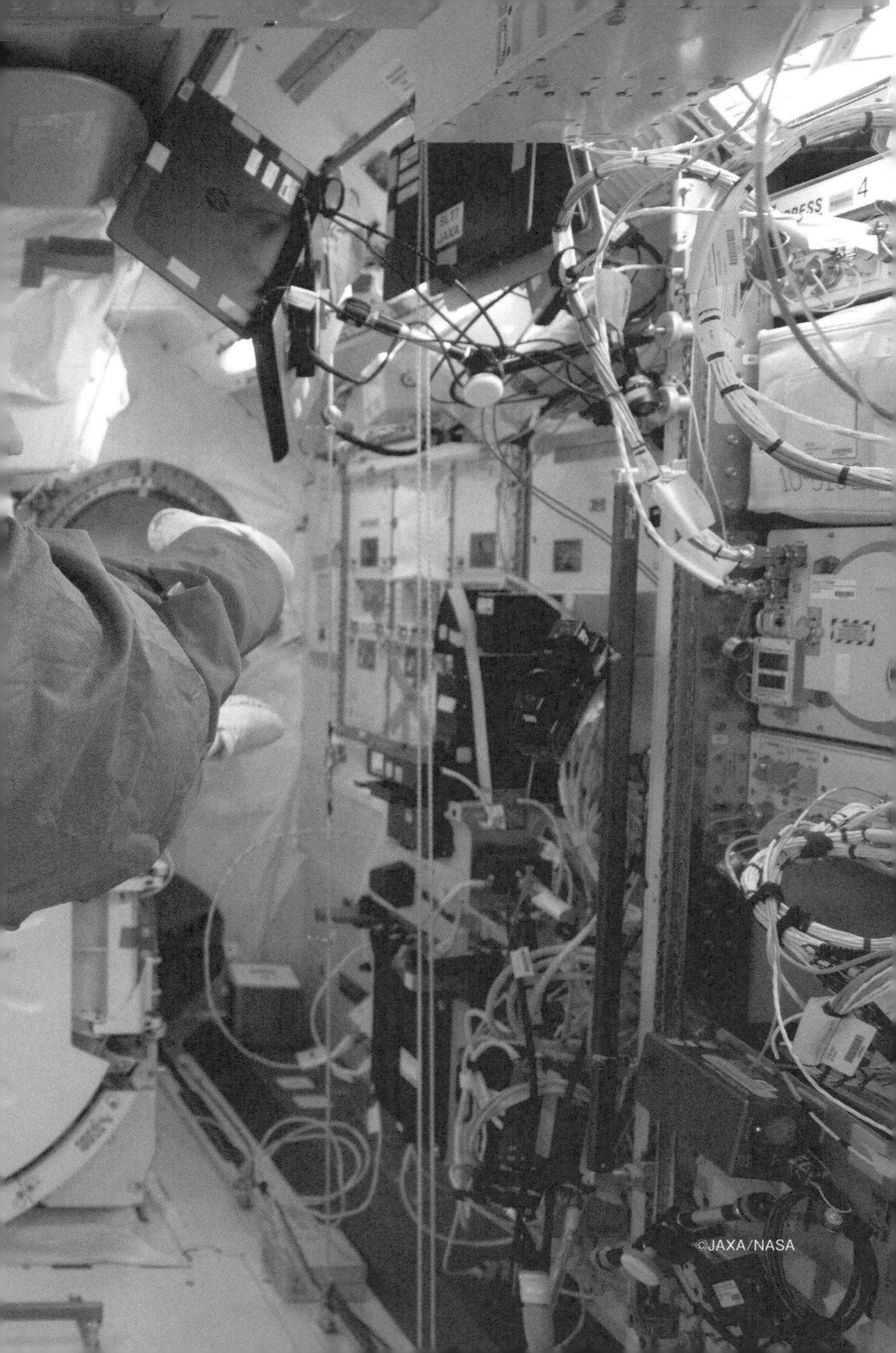

Contents

Chapter 1 私がJAXAを辞めるとき

Chapter

2

中高年を取り巻く働き方の現状

Chapter 3 中高年の働き方改革

Chapter 4 今こそ「弱さの情報公開」を

Chapter 5 女性の退職・転職論

Chapter 6

定年前退職から始まるセカンドキャリア

Biography of Soichi Noguchi

１９６５年　神奈川県横浜市に生まれる

１９９１年　東京大学大学院工学系研究科航空学専攻修士課程修了
株式会社ＩＨＩ研究開発部勤務

１９９６年　ＮＡＳＤＡ（現ＪＡＸＡ）が募集していた宇宙飛行士候補者に選定。ＩＨＩ退社
米国ＮＡＳＡにて宇宙飛行士訓練開始

１９９８年　ＮＡＳＡよりスペースシャトル・ミッションスペシャリストとして認定

２００１年　国際宇宙ステーション（ＩＳＳ）組み立てミッションである
スペースシャトル（ＳＴＳ-１１４）の搭乗員に任命

２００２年　スペースシャトル・エンデバー号で初飛行の予定が延期

２００３年　スペースシャトル・コロンビア号が大気圏突入時に空中分解事故

２００４年　コロンビア号事故の影響でスペースシャトル全体計画の見直し

２００５年　スペースシャトル・ディスカバリー号に搭乗し日本人初のＩＳＳでの船外活動

2007年	ISS第18次長期滞在クルーのバックアップクルーに任命
2008年	ISS第20次長期滞在クルーのフライトエンジニアに任命 ロシアで訓練のため長期滞在
2009年	日本人初のソユーズ宇宙船TMA-17船長補佐、ISS滞在
2010年	宇宙滞在159日で帰還。当時の日本人宇宙飛行士最長記録
2011年	スペースシャトル退役・米国の保有宇宙船がなくなる
2014年	世界宇宙飛行士会議・会長に最年少で就任
2017年	ISS第62次／第63次長期滞在クルーのフライトエンジニアに任命
2019年	米国が開発を進めている米国有人宇宙船 （United States Crew Vehicle: USCV）に搭乗が決定 ISSへ向かうための訓練を開始
2020年	米国人以外で初めてSpaceXクルードラゴン宇宙船に搭乗
2021年	宇宙滞在167日で帰還。 2つのギネス世界記録を達成 （15年のブランク後に再び宇宙船外活動、3つの異なる手段で帰還）
2022年	JAXA退職

Chapter 1
私がJAXAを辞めるとき

©JAXA

退職会見の日

２０２２年５月25日。

この日、私は25年余り所属した宇宙航空研究開発機構（ＪＡＸＡ）の退職を１週間後に控え、記者会見に臨んでいました。

東京都千代田区にあるＪＡＸＡ東京事務所の会見場には、数多くのメディア関係者が集まり、あちらこちらから、なじみの記者さんたちの顔がのぞいていました。私はうれしくなりました。私ほどメディアを愛し、愛された宇宙飛行士はいなかったかもしれない——という思いに駆られたからです。

会見の冒頭、私は「３回目のミッションを終えたころから、搭乗を待っている後輩たち、そして新たに選抜が始まった新人宇宙飛行士たちに道を譲りたいと考えるようになりました」と切り出しました。

その理由として「功遂げ身退くは、天の道なり」という言葉がぴったりだと思い、紙に書いて会場に配布しました。一つのことを成し遂げたら、次の人のために身を引いていくのが正しい、という意味です。

そして、「今後はＪＡＸＡを離れて研究機関を中心に、一民間人の立場で宇宙に関わっていきたい。とともに、次世代を担う子どもたちに新しい希望の未来を持ってほしい。そういう人たちを育成していくお手伝いができればいいなと思っております」と将来の抱負を語りました。

私はこのとき、まぎれもなく、「やり切った」という思いでいたはずでした。「燃え尽きることも悪いことじゃない」と言ったことも覚えています。

会場にいたメディアの多くのみなさんは、私が目標を達成し、ある意味、燃え尽きた末に退職を決めたと受け止めたように見えました。

すると、こんな質問の声が上がったのです。

「野口さん、まだ余力はたっぷりおありだと思うんです。次の道を決断したきっかけは何でしょうか」

私と一緒に本も執筆したことがある、なじみの深いテレビ東京アナウンサー・大江麻理子さんです。さすがに鋭い質問だと感じ、私はスーツの襟に付けたスペースシャトル「コロンビア号」のピンを示して答えました。

「この25年間で一番つらいことは何かと聞かれたら、私はコロンビア号の事故だと思っています。同期をはじめ7名が亡くなりました。私の使命は（同期たちが）伝えたかった景色を伝え、何が何でも帰ってくることでした」

そして、3度の宇宙飛行から無事に生還したこと、最後のフライトで国際宇宙ステーションの一番先端まで移動して漆黒の闇を垣間見、この先に進めば死が待っているという極限の体験をしたことを振り返り、「もう、そういう場面に行かなくてもいいというのが一つあります」と退職の理由を説明しました。

ただ、相手は百戦錬磨の大江さん、歴代の宇宙飛行士にも熱心に取材してこられているだけに、このような綺麗な回答だけだったら納得はしてもらえないだろうな、という思いもよぎりました。そこで、私は飾りのない本音をさらりと言葉にしていました。

「この大変温かいＪＡＸＡという組織でずっと過ごすのか、それとも外の世界で新しい展開をしていくのか。ここで、一気に違う景色を見に行くっていうのも、いいんじゃないかなって」

大江さんに納得していただいたかどうかはともかく、記者会見もこの辺りから余計な気負いが抜けていった気がします。

その後の別の記者さんの質問に対して、私は「JAXAを退職してフリーっていう肩書きもいいな、と実は思っているんです。特定の組織にがっちり守られない立場で活動するのも悪くないと思います」と答え、続いてこんなエピソードに触れました。

「辞めるという報道があった途端、OBの方々からいっぱい連絡をもらって『よかった、よかったね』って言われました。私自身は〝JAXA大好き人間〟と自認しているので、『JAXA辞めてよかった』って言われるのは複雑でした。ちょっと、これからどうなるのか見当がつきませんが……でも、はい、これからの展開を楽しみにしています」

このとき、私はまだJAXAの現役職員。退職を決意した本音をまだ打ち明けてはいけないと思いつつ、少しだけ本音が漏れた瞬間でした。

あれからおよそ3年――。私がなぜＪＡＸＡを辞めて、次なる道に踏み出したのか。
その真相をこれからお話しします。

2回のフライト後の行き詰まり

最初に、誤解を解いておきたいことがあります。「3回目の宇宙飛行から帰還した2021年5月の後、私は燃え尽きて目標を見失い、そこから立ち直って転職した」みたいなストーリーで退職のいきさつを語られることが多いのですが、実は、そうではなかったんです。過去の宇宙飛行を簡単に振り返ってみます。

私は1996年に宇宙飛行士に選ばれ、9年後の2005年、アメリカのスペースシャトル・ディスカバリー号に乗って15日間にわたる初の宇宙飛行を経験しました。選抜から10年経って、ようやく宇宙飛行士の仲間入りをしたわけです。

その後、割とすぐに短期間のフライトから長期宇宙滞在へと変革期がやってきて、日本人として私と若田光一さんが一緒に一期生として長期滞在に備えます。結果的に2009年に2度目のフライトを迎え、私はロシアの宇宙船ソユーズに乗った日本人として初の長期滞在（約5カ月半）に成功しました。

この時点で、日本人として①宇宙滞在の最長記録②初めて米ロの宇宙船双方に搭乗③船外活動時間の最長記録――のいずれも達成し、日本人宇宙飛行士として頂点に立っていました。

私は、何もかもやり尽くしたという達成感を覚え、もはや日本人宇宙飛行士として目指すものがなくなってしまいました。それまでは、フライトに備えてしゃにむに自分のスキルを磨き、アメリカとロシアで実績作りをしました。それが、2度目のフライトを終えて「次、どうするんだ」と考え込んでしまった。当時、45歳。そう思った途端、燃え尽き感が襲ってきたのです。

しかも翌2011年には、アメリカ政府とNASAが主導したスペースシャトル計画が終了し、次世代の宇宙船開発はアメリカの企業に委ねられます。新型宇宙船の開発に私なりに魅力を感じたものの、開発は遅々として進みませんでした。それに、今でいうところの経済安全保障の観点から、日本人などの外国人宇宙飛行士がアメリカの最新の宇宙技術に関われる余地はなくなってしまいました。

結果的に、2012年ごろから現役宇宙飛行士としてのポジションを維持しつつ、日本に戻ってJAXAの管理職としてデスクワーク中心の業務に就くことになりました。16年ぶりの日本での会社員生活です。
そこで、私は行き詰まってしまったのです。

組織管理優先の弊害

私はアメリカ滞在中、ＮＡＳＡのジョンソン宇宙センターがあるテキサス州ヒューストンを生活の拠点にしてきました。

この宇宙センターには有人宇宙飛行の訓練・研究施設があって、アメリカおよびその協力関係にある外国出身の宇宙飛行士の訓練を担っています。

私はここで飛行訓練に励み、あるいはＮＡＳＡから与えられたミッションとその成果について関係者とブリーフィングを行う日々でした。ですから、常に宇宙飛行の第一線にいる職場環境にありました。

ところが、２度目のフライトが終わり、日本のＪＡＸＡに戻ってくると、基本的にデスクワーク中心。講師や指導役を務め、有人宇宙活動をやっている部門の中間管理職的な仕事を任されることになりました。

当時、ＪＡＸＡでは現場重視だった上司が外れ、経営重視の上司に交代していました。

やがて、現場が軽視されて経営企画部門が重用されるようになり、マイクロマネジメント（部下の行動を細かく管理すること）が支配的になり、現場のタイムリーな判断が制約される風潮がみられるようになりました。

社内文書の「てにをは」チェックに始まり、稟議が激増して現場が疲弊。矜持を持って宇宙事業に取り組んでいるのに、マイクロマネジメントに振り回される理不尽さを感じる日々でした。

私は大学卒業後、いったんは石川島播磨重工業（現在のＩＨＩ）に就職して一介の技術者として会社員生活を経験しています。ですから、こういう日本型の組織運営について理解はしているつもりでした。

しかし、2度目のフライトを経験した時点で、アメリカ、ロシア、ヨーロッパの各地でトータル13年くらい仕事をしていましたから、日本特有の組織に縛られる風土に異常性を感じ、気になって仕方ありませんでした。

これが、行き詰まりを意識した最初のきっかけの一つだったのです。

それでも、官僚的な管理組織に負けたくない、ここでめげていては周りでサポートしてくれているメンバーをがっかりさせてしまうという気持ちでなんとか踏みとどまっていました。次に飛ぶ新人宇宙飛行士もいる。そういう人たちをサポートして宇宙へ送り届けなくてはいけない。

非常にマイクロマネジメントな上司だったので、これはしんどいなと思いつつも、ここで頑張らないと次の人たちにつながらないなっていう思いがあって、ここに留まるべきか、身を引くべきか悩みを抱えるようになっていました。

半径5メートルの閉塞感

2回のフライトがもたらした達成感の後、次の目標を失いかけ、燃え尽き感が襲ってきたと言いましたが、実際のところは、燃え尽き感というよりも、モヤモヤ感というか、閉塞感にさいなまれていた、と表現した方が正確なのかもしれません。

今でも鮮明に覚えているその行き詰まったモヤモヤ感は、職場環境をつくる「人」そのものが生み出していました。

他人との距離の取り方を分析したアドラー心理学になぞらえると、人の悩みはすべて人間関係の悩みであり、しかも半径5メートル内の距離で生じると言っても過言ではありません。

大きな人類愛について悩む人はなかなか少ないものです。

実際の悩みの種は、自分の周り半径5メートル以内でデスクを並べている同僚かもしれない。直属の上司、あるいは部下かもしれない。日本みたいに非常に人口密度が高い職場では、これが悩みを生み出す支配的な理由になってくるのです。

私の場合、16年にわたってアメリカの有人宇宙事業の最前線で現場気質にどっぷりはまって過ごしてきました。でも帰国してみると、ＪＡＸＡの職員は、そもそもみなし公務員であり、良くも悪くも日本の官僚主義を色濃く残していたのです。

マズローの「欲求5段階説」をご存じでしょうか。5段階の上位の方に、承認欲求があります。自分がやっていることをちゃんと認めてほしいという欲求。私が燃え尽き感にさいなまれたとき、この承認欲求が非常に阻害される状況でした。

承認欲求の一つ上に、自己実現の欲求があります。自分自身、こうありたいという欲求。ここにたどり着くのが理想的な姿ですけれども、その1歩手前の「良くやっているんだから、認めてほしい」という承認欲求が満たせない。そうすると「いつまでこんなことやってんだ」って気持ちになりますよね。

実際、現場のエンジニアが「宇宙に行くためにはこれが必要だ」と思ってやっているのに、「それは経営方針と合致しないから」と上司に言われてしまうと、非常にモチベーションが下がるということが起きていました。そういう閉塞感が、すごく大きく職場を支配していたように思います。

アメリカでは現場の宇宙に物を運ぶ、人も実際に飛んでいく環境で働いていたのに、日本では経営企画とか年度目標のようなものばかり掲げて、ぎしぎしと締め付けてくる。現場作業そのものよりは、いかに年度末の報告書の体裁を整えるか、みたいなことが続いていきました。

こうして、2度目のフライトを終えた2010年から、最後のフライトに飛び立った2020年までの10年余り、私は深い淵の底にたたずみ、展望の開けない将来を思って悩み続けることになります。

Column

マズローの欲求5段階説

アメリカの心理学者アブラハム・マズロー（Abraham Maslow）が提唱した人間の動機づけ理論で、人間の欲求を階層的に整理したもの。

この理論によれば、下位の欲求が満たされると、次の段階の欲求が動機づけの中心になる。5段階は下位から順に次の通り。

価値観に基づき自己を高めようとする欲求

他者から尊敬されたいという欲求

集団への所属や愛情を求める欲求

安全・安心な暮らしをしたいという欲求

食欲などの生存に直結した根源的な欲求

1

生理的欲求　最も基本的な欲求で、生きるために必要な食べ物、水、空気、睡眠、衣服、住居などを求める欲求。この欲求が満たされないと、人間は生存できない。

〔マズローの欲求５段階説〕

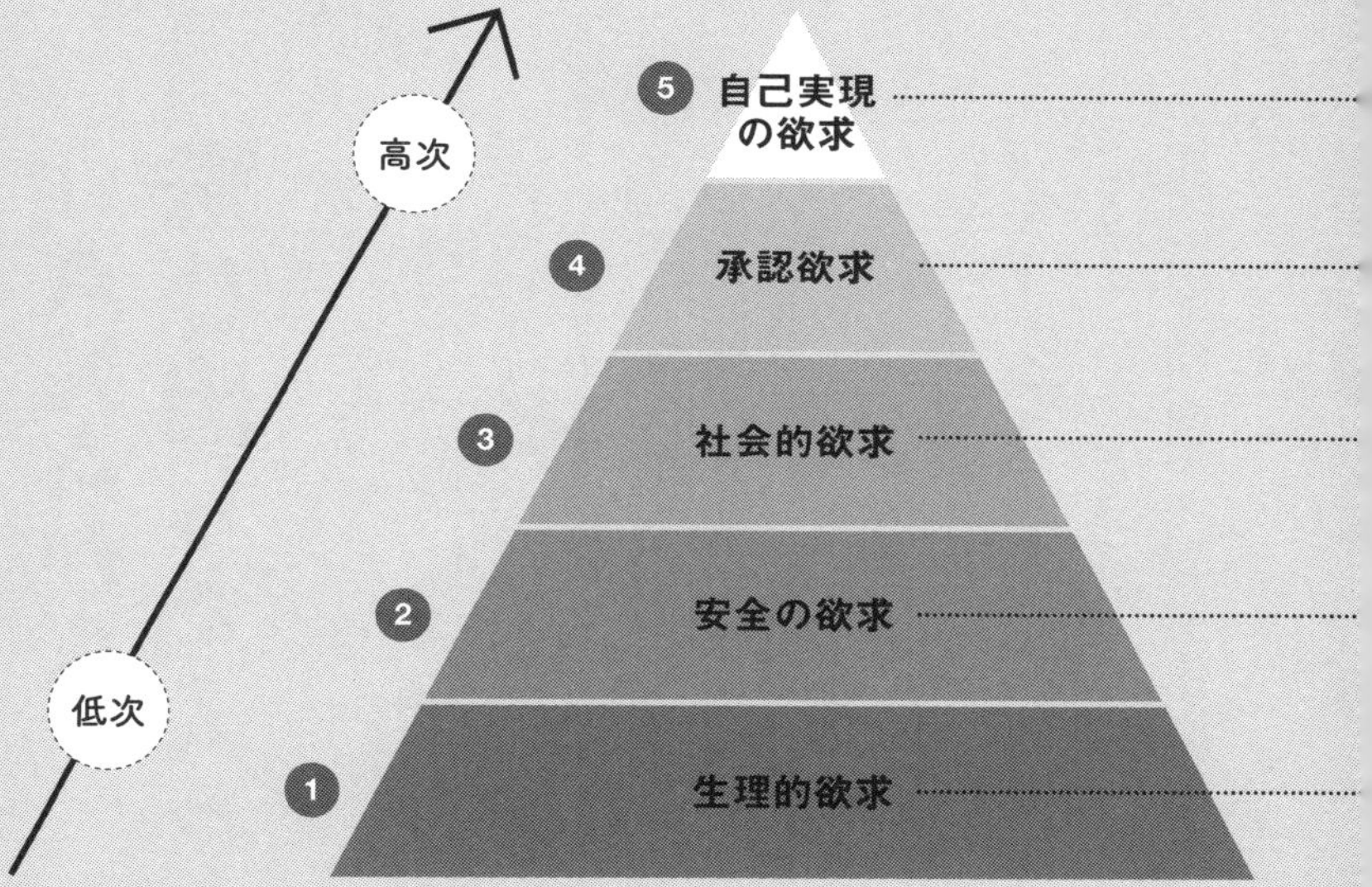

2

安全の欲求　健康の維持や職業の安定、財産保護などによって恐怖や不安から逃れるための欲求。

3

社会的欲求　人間関係を良好に築き、所属したいという欲求。家族や友人、恋人との関係や、集団への所属、社会的つながりを求める。

4

承認欲求　他者からの尊敬や評価を求める欲求。自信、独立、自尊心、他者からの賞賛を求める。

5

自己実現の欲求　最も高次の欲求で、自分の才能や能力を最大限に発揮し、自己成長や自己実現を目指そうとする欲求。

ＪＡＸＡから飛び出した人々を訪ねて

職場への不満と悩みが募っていたとき、私が頼ったのは、転職して社外に飛び出した先輩や同僚たちでした。本当によく話を聞きました。社外に出た人たちは、同じような悩みを抱えた上で外に出ているので、ケーススタディとしてとても参考になりました。

他の会社や組織でも同じかもしれませんが、現役職員が組織を辞めた元職員の先輩に会うのは、歓迎されない風潮が組織内にありました。ＪＡＸＡ職員はみなし公務員であるのに対し、退職者は民間人ですから、両者が接点を持つことはすなわち民間人への便宜供与ではないか、と疑われる危惧がありました。

いや、もっと言えば、定年前に辞めた元職員に現役職員が接触すれば、まるで裏切り者扱いされるような恐れすらあり、なかなか話を聞きに行けない雰囲気があったのです。

でも、そこをあえて訪ねてみると、みなさん、喜んで話をしてくれました。必ずしもＪＡＸＡの悪口ばかりを言うのではなくて、離れてみるとＪＡＸＡはかなり自由でいい組織だったみたいな話も聞かせてくれました。

その上で、みなさんそれぞれの理由があって辞めたのであって後悔はしていない、という話も聞けました。

転職していった方々の話を聞くことは実に重要で、みなさんにもお勧めします。単線的だったキャリアの複線化に向けて、いろんなケーススタディを集めておくことは実に大事なことなのです。

このように、私が次のステージを意識してヒアリングを重ねるようになったのは、50歳になったころでしょうか。

気が付くと、入社以来お世話になっていた上司が定年退職を迎えて新天地に移ったり、再雇用されて業務スタイルがすっかり変わって困惑したりしている姿を間近に見るようになりました。

「次は自分だな」と、転職が自分事のように感じられ始めたのです。

毛利衛さん「宇宙にこだわる必要なんてないんだよ」

2度目のフライト後に訪れた行き詰まりの後、貴重なアドバイスをもらうようになった先輩たちの中に、キーパーソンと呼べる方がいます。

尊敬する宇宙飛行士、毛利衛さんです。スペースシャトルに搭乗した初めての日本人宇宙飛行士。私にとって、最初はテレビの中の人でした。

私が宇宙飛行士に選ばれたときには試験官であり、直属の上司だった時期もあります。圧倒的な存在感と威厳を感じさせる方でした。

付き合い方が変わったのは、1996年にNASAへ派遣され、宇宙飛行士訓練コースの同期生になったとき。毛利さんは2回目のフライトを控えていて、当時48歳。私は31歳で、こわいもの知らずでした。

「毛利さん、もう一度頑張りましょ」みたいな感じで接し、一緒に体力訓練をした仲。尊敬すべき先輩でありながらも同期生という、非常にまれな関係にありました。

同期生とはいっても、やはり毛利さんは常に私の1周先、2周先を行っている人なので、いろんなタイミングで相談をしていました。

そして、転職を考える上でも、貴重な存在でした。

毛利さんは2度目の宇宙飛行を終えた後、1年も経たないうちにJAXAから転身し、日本科学未来館の館長に就任しました。

「野口君、宇宙だけ見ていると、世間が狭くなるよ」が毛利さんの口癖でした。宇宙事業を相手にしているだけでは、物の見方が狭くなってしまうというのです。

実際、毛利さんは深海調査船に乗ったり、南極に行ったりと活動の幅をどんどん広げていきました。

私が毛利さんに転職の相談をしたのは、3度目のフライトに入る直前でした。

「このフライトが終わったら、次、どうしようかと考えているんです」

「だったら、野口君は社長になる方がいいよ」

T-38 ジェット飛行訓練中の
毛利宇宙飛行士と野口宇宙飛行士
©JAXA/NASA

毛利さんは私に、ＪＡＸＡという肩書きで仕事をするような官僚的な社会の中にいるよりも、民間の世界に向いていると言いたかったのです。

社長と言ったのは誇張でしょうが、自分のやりたいことを外に求め、そこでリーダーシップを発揮する方がいい、だからＪＡＸＡにこだわる必要はない、と。

いや、毛利さんはもっとはっきりと言いました。

「宇宙にすら、こだわる必要はないんだよ」

宇宙も楽しいけど、ほかにも楽しいことがある。宇宙よりも大事なことはいっぱい世の中にあるんだ、と教えてくれたのです。

毛利さんのアドバイスは、時を経て私のＪＡＸＡ退職にも直接つながっています。この章の冒頭でも紹介した通り、ＪＡＸＡの退職会見の日、私は次のように話し始めました。

「3回目のミッションを終えたころから、搭乗を待っている後輩たち、そして新たに選抜が始まった新人宇宙飛行士たちに道を譲りたいと考えるようになりました」

この言葉だけ聞くと、宇宙に行く熱意を失ったかのような、少し消極的な意図と捉えられるかもしれませんが、少し違います。もともと宇宙に行きたくて始めた仕事ですから宇宙飛行は今でも好きです。そして、一度資格を手にすれば好きなだけ宇宙飛行に挑戦できるのであれば今でも挑戦を続けていたと思います。

でも、残念ながら現実には「日本人が宇宙に行く」という機会は極めて限られていると言わざるを得ません。私が４回目の宇宙飛行をするということは、それを意図するかどうかは別として、別の誰かの初飛行機会を奪っているということにほかならないのです。それに気付いてしまった以上、ＪＡＸＡを離れるのは自明の選択でした。

自分が再び宇宙を経験することより、誰か他の人が初飛行する方がずっと意味がある。そして、私はもう、宇宙にこだわる必要がないのだ。地球という重力を振り払って宇宙に挑戦した私は、いまや宇宙という重力を振り払って新しい世界に踏み出していく。まさに毛利さんが予見した通りの方向に私は動き出していたのでした。

NASA宇宙飛行士「飛び出さないと扉は開かない」

「君が今いる部屋を飛び出さないと、次の部屋の扉は開かないよ」

私が将来の先行きに不安を感じ、転職の二文字が頭を離れなくなっていたとき、NASAの先輩飛行士から伺った言葉です。原文を直訳した表現ですが、要するに、現在のキャリアを捨てて次に踏み出さないと、新しいキャリアは始まらないことがある、という意味です。

強烈なメッセージですよね。

普通、キャリアアップするためには実績を積み上げ、過去の評価を現在につなげていくのが一番楽で、安全な道です。

ほら、オリンピックのスポーツクライミングを思い浮かべてください。次につかみたいホールドは、手の届くところにあってほしいでしょ。人生も一緒。次につかみたい将来の夢を確保してから今のポジションを離れたい。行き先を確保してから今の部屋を出たいわけです。

でも、NASAの先輩飛行士によれば、まずは、今の仕事に区切りを付けて外に飛び出してみないと、新しい部屋の扉は開かないときがある、というのです。

これって、やっぱり、あり得ることなんです。私自身、さまざまな転職の話を聞いて、その通りだ、と分かってきました。

実際に仕事を辞めてフリーになった後、次の仕事探しをしている人たちに新しい仕事のチャンスが巡ってきた、という話を何度も聞くようになったからです。

ここに、一つの真実があります。

今の仕事をキープしながら次のステップを確保したいと思っても、それは、今いる場所から手の届く範囲のものでしかない。

あくまでも今のポジションから見える範囲でしか探していないのですから、ものすごく範囲は狭い。でも、探している当人は、その選択肢の狭さに気が付かないのです。

ところが、いったん仕事を辞めて外の世界に飛び出してみると、実に広い世界からいくらでも選ぶことができる。これは、私自身がつかみ取ったゆるぎない真実なのです。

「ほとんどの人は、転職したらと言われても、二の足を踏んでしまう」という話もよく聞きます。

でも、実際には「今いる場所から探しているから、動けないに過ぎない」という逆説的とも言える真実があるのです。

家族の言葉

３度目のフライトが終わった後、ＪＡＸＡに在籍しながら、転職に向けていろいろな職場に当たり始めていたとき、私はその様子を、妻には分かるようにしていました。そのうち、妻から「次、どうするの？」と声掛けがありましたが、ＪＡＸＡの退職には違和感を持たなかったようです。

妻は、ＪＡＸＡに居続けることによって、機会損失が大きいことを知っていましたから。その意味では大変な理解者でした。

例えば、ＪＡＸＡに在籍したまま書籍を執筆するということは副業にあたります。今では副業に対する社会的な理解が深まっていますからずいぶん楽になりましたが、当時は兼業許可を取得するのに大量の書類と関係各部署への説得作業が必要で、正直なところその手続きを考えるだけで執筆意欲がそがれるほどでした。それでも、在職中に何冊も本を出してきましたから、妻は、私が研究職に専念するか、文筆業の分野で将来を考えているのかなと思っていたはずです。

結果的には、いくつもの民間企業のアドバイザーといった違う分野に転身していったわけですけど。

それでも、転職や退職するときにこだわるべきことがあります。収入の安定性です。収入と生活の安定は当然気にしていました。

みなさんも、会社を辞めた後に収入が得られるかどうかは大変気になるところだと思います。家族がいる方なら世帯収入が生活できるだけ確保できるかどうかを考えますよね。

私の場合、子どもたちはすでに成人して社会に出ていましたから、教育資金の面で絶対的な安全性を求めなくても良くなっていたことが大きかった。

もしも、まだ子どもが小さかったり、これから大学に行ったりするようなタイミングでしたら、卒業まで何年かかるか分からないですから、安定を選ぶ方へウエイトを重く置いたと思います。それは間違いありません。ですから、子どもたちが成人年齢に達していたことは、退職を決断する上で大きかったんです。

ちなみに、親が思っているよりも、子どもたちは意外とサバサバとしていました。

例えば3度目の宇宙飛行を決めたとき、子どもたちはすでに日本に帰り、私はヒューストンで単身赴任を続けていました。

娘たちはすでに大学生ぐらいだったんですが、「もう1回宇宙に飛ぶよ」と報告したら「良かったね」とアッサリ言われた程度でした。

JAXAを辞めるときも「あ、辞めちゃうんだ」とは言いましたけど、別に反対するわけでもない。いつの間にか成長して、独立した人格になったんだなぁと思ったのを覚えています。

「場の支配力」がなくなったコロナ時代

私が3度目のフライトを終え地球に帰ってきたのは、新型コロナウイルス感染症が世界中で蔓延していた真っ最中の2021年のことでした。

オフィスに行っても、出社している人はほとんどいない。オンライン会議などが急激に多くなり、結局、在宅が多くなって、就業時間中は業務をしているとはいえ「職場」に縛られる時間が大幅に減りました。それは間違いなく、転職を含め自分のライフプラン、キャリアチョイスを考えるきっかけを与えてくれたと思います。

そもそも日本社会は、所属する組織の「場の支配力」があまりに強すぎる。全構成員が常に100%業務に没頭することを求められます。職場に居ると日々の業務や些細な問題に忙殺されて一日があっという間に過ぎ去っていく。そんな状況では転職はおろか、自分自身のライフプランを考える心の余裕さえ持てないのが実情でしょう。この点、私はコロナ体制下で、場の支配力が一時的に弱まった恩恵を受けたとも言えるのです。

コロナ禍の時代、会社の持つ「場の支配力」からいったん解放されたことは、私だけに限らず、日本社会にとっても画期的なことだったと思います。

どこでも仕事ができるという新たな労働環境が創出され、新たな時代の到来を予感させました。だいたい、自宅から遠い勤務地までの長い道のりをずっと電車に揺られて行く「痛勤」がなくなり、まるで違った日々の景色が見えたものでした。

新型コロナウイルス感染症が蔓延した2020〜2022年ごろは、確かに一つの実験的な時期でした。「三密回避」が求められ、個と個を切り離し、接点を極力減らすために会社には行かないことになり、この一時期だけは、どこでも仕事ができるようになりました。

個と個を切り離して集団で働かなくなったとき、果たしてこの社会は回っていくのか。日本らしい「場の支配力」が働かなくなると社会は機能しなくなるのか、それとも新たな体制みたいなものに変化していくのか。その辺り、社会のあり方をめぐる壮絶なせめぎ合いがあったと思います。

ところが、日本社会は変化を嫌いました。新型コロナ問題が沈静化し徐々に平常状態に戻る過程で、日本社会には「場の支配力」が復活してしまったように思います。

アメリカやヨーロッパでは、一度リモートの楽さを知ると、人々は容易には元の集団化した社会へと戻らなかった。日本はあっという間にコロナ前に戻って「痛勤」電車で出社、対面での打ち合わせが一日中続く日々が帰ってきました。そしてみなさんそれを嬉々として受け入れているようです。それくらい、場の支配力が日本では圧倒的なんです。

アメリカにいるとき、一度話題になりました。「日本って相変わらず、対面の打ち合わせが好きだよね」と。リモート会議やメールではダメで対面で打ち合わせをしたがると思われています。これはもう国民性ですね。

先行き不安でもまずは「タイムアウト！」で楽になる

ここまでの話から、私がスパッと退職できたかのように思われるかもしれません。でも、必ずしもそうではなかったんです。3回目の宇宙飛行から戻ってきてから退職するまで、実際には1年以上が経過していました。

なかなか決断できないとき、先行きが不安なときは、最終決断する前にいったん「タイムアウト（スポーツで使われる、試合を一時中断して作戦会議をしたり、仕切り直したりする時間）」を取ることは大事です。自分や周りの状況を冷静にみることができるし、仕切り直すことで少し気が楽になるかもしれません。

職場に不満があっても、長年慣れ親しんだ組織からは簡単に離れられないという気持ちもあるでしょう。そんなときは「タイムアウト」して試合の流れを断ち切って、本来の自分のペースを取り戻す。そして退職した後の新しい生活を想像してみる。それが、退職という大きな決断を下す前に背中を押してくれるのではないでしょうか。

もしもＪＡＸＡやＮＡＳＡを退職せず、定年延長していたら、どんな日々が待っていたのだろう、と考えることもありました。日本では、組織に属している限りは、組織の論理に従うことが当然ですから、組織の人事・方針・与えられた職場で粛々《しゅくしゅく》と、そして悶々《もんもん》と過ごしていたと思います。自分がやりたいことは他にあるのに、そこに向かって羽ばたくことができないのは苦痛でしょうね。その意味でも、いくら先行き不安があってもいったん仕切り直して再出発したことは正解だったと、あらためて思います。

私の場合、アメリカから戻ってきて、日本の場にまだ馴染んでいなかったから束縛感が強かったと思うんですが、そのまま組織に長く居たらいつの間にか淀んだ空気感に取り込まれて、縛られることに慣れてしまって現状を肯定してしまったかもしれません。

そういう人、多いんじゃないでしょうか。

他人の自由を束縛することが管理だと思っている人と、束縛されることに馴染んでしまう人。お互いがウェットに縛り、縛られてしまう関係……。そんな人間関係に閉じ込められていたかと思うとぞっとします。そこからなんとかして脱出できたことは本当に幸福なことだと思います。

一方で、実際に辞めてみて、初めて分かった不便さもありました。

退職をすると、ＪＡＸＡの名刺が使えなくなりますが、それよりも、ＪＡＸＡのメールアドレスが使えなくなるのは影響が大きかった。

ＪＡＸＡのメールアドレスは業務用ですから、退職したら使えなくなるのは当然なのですが、それで、仕事上お世話になっていた人たち、職場での知人たちと連絡する手段が一気に絶たれてしまうのは、社会から一気に切り離された気がしました。退職の翌日にはもう一切メールサーバーにアクセスできないですから、それまでの連絡先も全部使えなくなってしまいました。私用のフリーメールアドレスを取得して、併用しながらやってはいたものの、退職時は大変困ったことになりました。

同様に、業務用のパソコンや業務用のスマホも退職日にすべて返却です。スマホは業務用スマホと私用スマホを使い分けていたとはいえ、圧倒的に扱う時間が長かった業務用スマホがなくなるのは困ったものです。

そして、健康保険。こちらも国民健康保険に切り替えないといけません。退職者がみな通る道とはいえ、市役所に出向いての書類作業は結構面倒でした。

こうした話は、先輩から聞いていたことばかりでしたが、実際にこれほど不便になるとは思いも寄りませんでした。

だからこそ、会社に居続ける方が楽なのかもしれません。

それでも、「やっぱり1年後に辞めよう。本格的に職探しをしよう」と腹をくくると、それまで「どうする？　辞める？　どうする？」と悩みに悩んでいた不安が和らいできて、気分的に一歩先へ進んだ気持ちになったのを覚えています。

「辞めるか、辞めないか」から「辞めよう。そして次をどうする？」へとステップを踏み出す。すると、明確に世界が変わります。

「今いる職場に自分の未来はない」と決めたとき、スパッと切れた瞬間から、ようやく次へ踏み出せるのです。

逆に言えば、職場の持つ支配力はそれくらい、強烈。日本の社会が持つ支配力ですね。

それでも辞めると決断し、その場から離れると、それはものすごい解放感があって、心身ともにリフレッシュしたものでした。

肩書きとは「個性のキャッチコピー」

２０２２年６月１日付けでＪＡＸＡを退職した私の肩書きは、「ＪＡＸＡ宇宙飛行士」から「宇宙飛行士」に変わりました。宇宙に行ったことがある人、という意味で、一般名詞の「宇宙飛行士」が使えたのは助かりました。

一方で、ＪＡＸＡ在職中、すでに東京大学特任教授に就任していましたが、「その肩書きは名乗ってはいけない」と言われていました。

自分が作った会社（合同会社未来圏）の肩書きも公にできませんでした。退職を待たないと、自分自身で決めた肩書きを前面に出すことは、かなうことがありませんでした。

肩書きについて、少し考えてみましょう。

肩書きとは、一義的には、所属する組織内の役職名を指します。退職して組織を離れたら、その肩書きはなくなりますからね。

興味深いのは、肩書きが自己表現の一つになっているケースがあることです。

例えば、「ライフコーディネーター」という肩書きを名刺に載せている人がいます。組織の属性ではなくて、個人の特性を的確に表現していて、最も短いキャッチコピーになっています。

私の使っている「宇宙飛行士」も、自分を表現するキャッチコピーなんですね。組織を離れたからこそ、自分のキャッチコピーを自分で作り、使えるようになりました。

日本社会では、「社会人」イコール「会社人」になりがち。会社の中のポジションがそのまま人間のステータスになってしまう。これは非常に危険なことです。だって「あの部長の方が課長よりも人間的に優れている」なんて単純な優劣は全然あり得ないわけです。単に職責が上にあるだけですから。でも、なんとなく場の支配力のせいで、人格的にも支配されてしまう。

自分の肩書きを自分で決めるって、大事なことだと思うんです。自分の価値を見いだすための「棚卸し」につながるからです。

転職にテンプレートはない

退職を前に、国内外の先輩宇宙飛行士から、まさに先人の知恵を授けてもらった話はすでにしました。ただ、国によって転職先は実にさまざまでした。

アメリカの場合、宇宙飛行士は軍出身者が多いものですから、出身母体の空軍や海軍に戻るケースがよくあります。ほかにも、大学教授のような公的機関でポジションを得るとか、宇宙関連企業のような民間企業に転身して重役に就くようなケースもあり、実にバラエティに富んでいます。

一方、日本人の退役宇宙飛行士は博物館の館長、大学教授のように公的機関への転職が多い傾向にあります。

私の場合、自分の経験や見識、発言が新しいシナジーというか、思いも寄らない形で生かされることにすごく興味がありました。

現在、いろんな人や企業と一緒にさまざまな課題解決に取り組んでいます。また大学の仕事で関わっている若い世代の発想力もすごく刺激的で、研究職の仕事も大事にしています。

現役引退した私に企業から舞い込む依頼といえば、「コミュニケーションスキル」や「組織作り」。ビジネスに直結するテーマに沿った仕事が多くあります。

結局、私は退職後に10種類以上の職名を並列しながら活動しています。こんな例は極めてまれでしょうね。転職の際には、先輩たちの例も参考にしましたが、百人いれば百通りのセカンドライフがある。転職にテンプレートはなく、オリジナルケースだと思っています。

私の現在の主な仕事は以下の通りです。多種多様な職種を選んでいますが、それぞれに私なりの「棚卸し」に基づく結果が反映されています。

・民間企業系シンクタンクの最高技術責任者として、主に気候変動問題を解決するための技術開発を支援するとともに、産官学連携で循環型社会を目指すための政策提言を行っています。

・宇宙関連企業のアドバイザーとして、経営層への最新宇宙開発状況の諮問を行うとともに、若手社員への教育・啓発に努めています。

・私立大学の学長特別補佐として、大学における宇宙地球探査研究センターの活動への支援を行っています。
・各種国際機関において、国際協力および技術開発動向に関する助言を行っています。

現役時代に比べると活動の場がかなり多岐にわたっています。宇宙飛行士の経験を社会にどう生かすかを考え、いろいろな場で仕事をしています。例えば地球環境問題。自分が宇宙で見た地球の美しさを伝えることを通して、気候変動の課題に取り組んでいます。政財界の賢人が一堂に会する「世界経済フォーラム」の年次総会「ダボス会議」に参加する機会も得ました。世界をリードする大物政治家、名だたる大企業の経営者に交じって、これからの世界を変えるような活動をしている若い研究者、スタートアップ起業家と交流できたことは非常に大きな刺激になりました。

宇宙飛行士をしているとき、世界中の首脳を宇宙に連れて行って国境のない地球を見せたら、いろんな問題が解決するのでは、と思っていました。それが今、ダボス会議を通じて実現しているんだと思います。地球環境に限らず、国際経済、そしてＡＩの功罪もディスカッションしています。これも、ＪＡＸＡ職員のままでは得られない経験です。

宇宙ビジネスに関する仕事もそうです。この10年で、急激に宇宙産業の規模が拡大してきました。2017年試算では2040年時点で1・1兆ドル（当時の1ドル＝128円換算で140兆円）に拡大すると予測されたのが、2024年春に世界経済フォーラムが発表したレポートでは、2035年末には1・8兆ドル（1ドル＝160円換算で288兆円）まで膨れ上がっているのです。成長分野も、それまで主体だったロケットや衛星などの宇宙インフラそのものでなく、衛星データや通信、GPSなど宇宙利用の急速な拡大が従来の「非宇宙産業」にもこれまでにない成長をもたらすと予測されています。

私は、スペースXの民間宇宙船に日本人として初めて搭乗し、それまでの数年間、スペースXに通って内情をつぶさに見てきました。例えば、世界の人工衛星の打ち上げ数を見てみると、2013年には年間約200だったのが2022年には2368。うち約1600がスペースXの運用する衛星通信サービス「スターリンク」の衛星です。

私は長いアメリカ滞在中に、この宇宙ビジネスのダイナミックさを身をもって実体験してきました。

こうした知見を日本の民間企業や国際的な舞台で生かすには、ＪＡＸＡの肩書きにしがみついたままでいるより、思い切って外に出て自由に活動する方がよほど理にかなっていたと、あらためて思います。

もしかすると、みなさんの中には、私の現在の肩書きを見て、「野口さんはいい大学を出て、ほんの一握りしかなれない宇宙飛行士になれて、引退しても当然、門戸はひらかれているだろう」という印象を持たれている方もいるかもしれません。

でも、ここまでお話ししたように、私は自身のキャリア形成について10年にわたって悩み続け、考え抜いた末に「定年前退職」という重大な決意をしました。安定した収入と人間関係とキャリアを、定年3年前にしてリセットし、私自身の棚卸し作業の末に、いまある道を選んだのです。

Chapter 2

中高年を取り巻く働き方の現状

昭和型キャリアパスの終えん

みなさん、国民的人気アニメ「サザエさん」に登場する主人公の父親・磯野波平さんを思い浮かべてください。

家の中ではお決まりの和服姿で、薄くなった髪を気にしつつ、余生をゆったりと過ごしているご隠居さんに見えますが、実は、設定年齢は54歳です。

今からはなかなか想像できないと思いますが、戦後の高度経済成長期、多くの会社はまだ55歳定年制でした。定年が60歳に義務化されたのは1998年（平成10年）のことなんです。ちなみにサザエさんの連載が朝日新聞で始まった直後の1950年は日本人男性の平均寿命が約60歳。55歳で定年を迎え、会社人生が終わったら、ほぼほぼ人生も終わり——それがあの昭和という時代でした。

人口は増え続けていました。会社の管理職ポストも自ずと増加し、実質的に終身雇用に近い状態だったと思います。

波平さんは昭和のイメージキャラクターであり、「いろいろあった会社人生も定年間際で、無事に終わりそうだ。あとは悠々自適な余生を送ろう」という昭和の定年退職者の象徴でした。

私が社会人になったのは平成時代になってからですが、日本の会社社会はまだまだ「終身雇用」に代表される昭和の感覚を持ち続けていました。

学生時代を振り返ってみると、どんな職業に就くかということよりも、給料や勤務地などを見比べながらどの会社に入ろうか、と思案していた学生が多かったと思います。「就職活動」というよりも、「就社活動」でしたね。

「学歴―職歴―生涯収入―社会的地位」が、まるで一本線でつながるような単純なキャリアパスの時代。学校に入るときから人生のキャリアと生涯収入が決まり、受験戦争に勝てば、その後の人生も安泰と思われていました。

ところが、いまやキャリアパスが多様化し、過去の単線的なキャリア形成はあなたの人生を保証するものではありません。この事実を、本章を通じて知ってもらいたいと思います。

では、なぜキャリアパスが多様化したのか。そこには何とも抗しがたい、必然性があります。それは、日本人の平均寿命です。

現在、平均寿命は男女ともに80歳をはるかに超え（２０２４年の日本人の平均寿命は、男性が81・09歳、女性が87・14歳）、人生１００年設計の時代に至っています。その結果、定年を境にして、会社に属している期間と定年退職後の後半生がほぼ同じくらいの長さになりました。

たとえ定年が65歳に延びたとしても、その後に待っている後半生は15年以上、まだまだ先が長いんです。

定年延長をしても、給与体系や業務はガラッと変わります。本給が下がり、役職手当もボーナスもなくなって低収入に陥る。部下もいなくなり、会社のお荷物となって大部屋に入れられ、自尊心を傷つけられて、いつの間にか退社していく——そんな定年延長組の先輩たちを実に多く見てきました。

この年代になると、生活習慣病などにかかって医療費がかさみ、収入ではとても追いつかず、貯金はどんどん減っていく……というケースはザラにあるのです。

２０１９年に金融庁が報告書で「高齢夫婦無職世帯は老後30年で２０００万円の取りくずしが必要」と発表し、国民の間で驚きと混乱を呼びました。でも悪いのは金融庁ではない。数字の妥当性は別にしても、平均寿命が延びれば延びるほど、実際にかかる老後のコストが増えるのは間違いない。この現実を、まずは早めに知っておいた方がいいと思います。

会社に人生を任せたつもりでも、定年後の面倒をずっとみてもらえるわけではないのです。

公的年金は原則として65歳から受給開始ですが、70歳、あるいは75歳まで繰り下げたら割増金をもらえる仕組みになりました。定年退職を迎えても、その先もう少し働く余地が生まれています。だったら、納得のいく仕事と報酬を求めて、定年前退職もありなんです。

もはや、万人向けのキャリアパスのモデルケースなど存在しません。

そのときそのとき、最適な選択をしていくしかない時代に突入したのです。

セカンドキャリア研修と言われても

定年後のキャリア形成について、私たちの世代では、多くを語る機会はあまりありませんでした。基本的に、会社におんぶに抱っこの状態でした。

ところが最近、会社側の様子は一変しています。

「あなたは人生設計ができていますか」と社員に向けてエールの旗を振り、50代を対象にしたセカンドキャリア研修を受けるよう勧めているのです。

研修を受けてみると、講師役の人がこう迫ってきます。

「退職金と年金の計算をしましょうね」

「あと10年足らずでうちの会社はあなたにあまり給料を出せなくなりますよ」

「で、どうします？」

いきなり「どうする？」って言われても、困るだけですよね。だって、今までときたら、お決まりの報告書を書いて、だらだらと会議に顔を出しさえしたら、毎月の給料がもらえていたのですから。会議で上司の顔色をうかがい、組織のルールに黙って従えば、自動的に給料がもらえたのです。

なのに、突然、会社側は「今後の人生は自分で考えなさい」って言い出すようになったのです。

これには、会社側にもそれなりの理由があります。

モチベーションとエンゲージメント（会社への貢献意欲、勤労意欲）の低下で、仕事の効率がどうしようもなく低下している現実に直面したからです。

やりがいを感じられなくなった社員たちは、創意工夫する喜びを忘れ、やらされ仕事として義務的に仕事をこなすだけ。それでは、生産性など上がるはずもありません。

会社の人事部は、何とかして従業員のエンゲージメントをあげたいと思い、キャリア研修会を開いて社員に自立を呼び掛け、ひとり奮起しています。

すると、若い人たちは周りの40～50代の上司たちを見回して、「この会社にいても将来はないな」と目覚め、辞めていってしまう。

残された中高年たちは「これは大変だ。でも、外に出ても、自分は使い物にならないぞ。こうなったら定年まで居残ってやる」と思い、やる気はすっかり失っているのに、何が何でも会社にしがみついている。

やる気のある若者は会社の将来性に見切りをつけて辞めていき、やる気のない中高年たちが会社にしがみついて生産性を下げる。

今、会社にとって悪夢のような現実が進行しているのです。

「わざとサボる」世界最悪レベル

日本の会社員のやる気のなさは、国際的な調査でも明らかになっています。

アメリカの有名な調査会社ギャラップ社は、世界各国での職場意識調査「State of the Global Workplace」（２０２２年調査）を発表しています。それによると、日本のエンゲージ（Engaged：熱意を持って働いている人）の割合はわずか5％で、なんと世界最下位なのです。世界平均の23％とは比べものにならないくらい低いことが分かります。

なぜ日本の会社員はやる気がないのか。いくつか考えられる理由を挙げてみます。

①強いられる長時間労働とワークライフバランスの欠如
②失敗を恐れてチャレンジできない企業風土
③部下の意見が上司に反映されにくい組織の硬直化
④無意味な事務仕事と社内会議の横行

さらに深刻な数字があります。

「Actively disengaged：わざとサボる」の割合が23％で、世界最悪レベルなのです。

これはエンゲージの低下がもたらした深刻な結果です。わざと仕事をサボったり、職場でわざと成果が出ないように足を引っ張ったりする割合が、企業全体の４分の1を占めているんです。

その理由もはっきりしています。

組織や上司に対する不満です。

納得のいかない目標を社員に突き付け、細かな指示を社員に出して管理ばかりしたがるマイクロマネジメントが横行すれば、「わざとサボる」という目を覆いたくなるような結果を招いてしまう。

それが現実となって、この日本の企業をじわじわとむしばんでいるのです。

Column

ギャラップ社の調査

米調査会社ギャラップ社は、会社への貢献意欲「エンゲージメント」を持つ社員についてレポートを公表し、「熱意を持って貢献している」社員の割合は日本で5％（2022年時点）にとどまったと明かしている。4年連続で過去最低レベル。世界平均は前年比2ポイント上昇の23％と過去最高を更新しており、日本の悪化が際立つ結果となった。日本の終身雇用制度が悪化の一因とみられ、社員は変化の乏しい職場を息苦しく感じる一方、会社も辞められず、行き詰まりを感じている。

レポートによると、必要最低限の仕事しかこなさず終業時刻をずっと待っている「エンゲージしていない」人は72％で、「全くエンゲージしていない、わざとサボる」は23％を占めた。

ギャラップ社は、エンゲージメントの低さが日本の国内総生産（GDP）を91兆7000億円分（13％相当）押し下げたと試算。日本企業は少子高齢化による人材難と在籍社員のエンゲージメント低下という二重苦にあえいでおり、管理職の振る舞いなどで環境改善ができるとも指摘した。調査項目は以下の通り。

❶私は仕事の上で自分が何を期待されているかが分かっている。
❷私は自分がきちんと仕事をするために必要なリソースや設備を持っている。
❸私には仕事をする上で自分の最も得意なことをする機会が毎日ある。
❹この1週間で良い仕事をしていることを褒められたり認められたりした。
❺上司あるいは職場の誰かが自分を一人の人間として気遣ってくれている。
❻仕事上で自分の成長を後押ししてくれる人がいる。
❼仕事上で自分の意見が取り入れられているように感じられる。
❽会社が掲げるミッションは自分の仕事が重要だと感じさせてくれる。
❾私の同僚は質の高い仕事をするよう真剣に取り組んでいる。
❿仕事上で最高の友人と呼べる人がいる。
⓫この半年間に職場の誰かが私の仕事の成長度合について話してくれた。
⓬私はこの1年間に仕事上で学び成長する機会を持った。

〔日本人の「仕事への熱意」は145カ国最下位の5％（2022年）〕

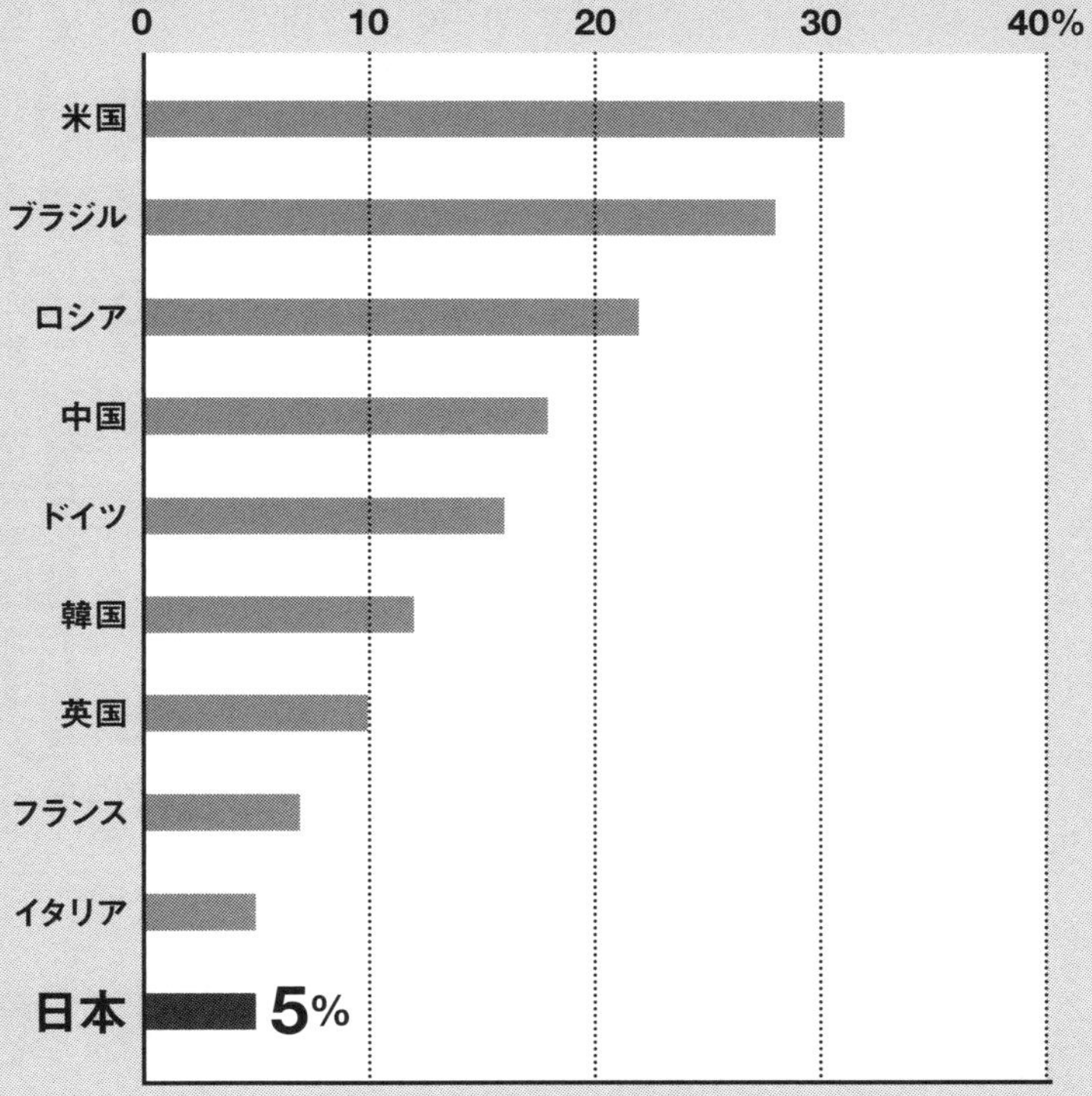

※出典：米ギャラップ社「State of the Global Workplace 2023 Report」

メンバーシップ型雇用とジョブ型雇用

なぜ、日本の労働現場はこんなにすさんでしまったのでしょうか。

私は、日本的な雇用制度が一定程度の悪影響を与えているからだと考えています。

日本特有の「メンバーシップ型雇用」のことです。個々のスキルよりも、集団にちゃんと帰属して組織の構成員としてメンバーシップを得ることが優先される雇用形態です。

このため、社会人として訓練を受けていない22～23歳の大学卒業ホヤホヤの若者が雇用され、あとは組織の中にいることに意味があるという、不思議な社会集団が形成されるのです。

会社とは本来、ある特定の機能を果たすために結成された機能集団であって、社員はスキルを発揮して金銭的な収入を得るという契約に基づいて集まっているはずです。

なのに日本では、機能を果たすよりも前に、運命共同体になってしまっている。生まれたときからそこに所属しているかのような幻想が生まれてしまい、社員に会社のルールを受け入れさせ、その中で成長するのが当たり前になっていました。

社風なるものが生まれ、個人よりも集団の協調性を重視する昭和の謎ルールみたいなものに支配されているのです。

こうした企業集団に入社し、組織体質に染まってしまうと、もう外へは出て行けない。その結果、会社の業績を上げることよりも、出世競争によって得られるメンバーシップ内部の地位の獲得にばかり関心を寄せてしまいがちです。

しかも、日本企業の管理職は外部登用が少なく、ほとんどの場合は年次に従って昇進しますから、前任者から社風とか謎ルールとか空気感みたいなものをそのまま引き継ぐことが良しとされ、企業風土を維持する役回りを担います。

こうした共同体の中では、上司はあたかもシャーマンのように振る舞い、部下たちは無言でそれに従っているのです。

一方、欧米では「ジョブ型雇用」が当たり前です。

個々の業務において要求されるスキルを持った人たちを組織の内外問わずに採用し、必要なセクションに当てはめていく雇用形態です。

ジョブ型雇用の場合、外部から採用するケースも多くなりますから、組織に対する社員の帰属意識は低い。あくまでも、自分のスキルや経歴に見合った収入と業務が得られるかどうか――それが、その会社に留まる決定的な要因になっています。

ですから、日本の会社のように大学を出たばかりで実務能力のない若者を遊ばせておいたり、長い年月をかけて幹部育成をしたりするなんてことは少ないのです。

ジョブ型雇用では、管理職の登用も組織内外を問わず、その時点でのジョブ・ディスクリプション（業務要求、job description）に合致する人材を充当させます。初日から成果が出るような能力ある人を雇うのです。いってみれば前任者との継続性よりも、どのようなイノベーションを会社にもたらし、新しい価値創造ができるかが求められるのです。

このような管理職登用は、転職する側にとっても有益です。ジョブ・ディスクリプションが明文化されているので自分に期待されていることがはっきり分かる（要求の透明化）、社外から流入することの障壁が少ない（競争の公正化）、そして採用された後は自分のスキルに自信を持って活動できる（心理的安全性）、これらが相互作用することで多様性組織の実現にも大きく寄与するでしょう。

日本のように会社内で足を引っ張り合う無意味な出世競争が横行する社会とは異なり、ジョブ型雇用の社会では、同業他社や社会全体にアンテナを張って新しいイノベーションの種を探すことが重要視され、ひいては社員自身のスキルアップになっていきます。

こうした点からみて、転職するのが当たり前の社会とジョブ型雇用は、極めて密接な相関関係にあると言っていいでしょう。

ところで、「日本にジョブ型雇用を導入すべきか」と問われたら、私は素直に「YES」とは答えにくい日本固有の社会事情があると思っています。

日本社会が、転職を当たり前のように受け入れていないからです。

強制的にジョブ型雇用にしようとすれば、ジョブ・ディスクリプションも整理しないまま急に管理職を外から採ってきたり、一律に年功序列をやめたりするでしょう。形だけ整えようとすると、ひずみが生まれてしまうのです。

例えば、年功序列をやめるのは、生産性を上げるためではなく、コストカットが隠れた目的だったりするから、困りものです。つまり、年功序列を崩して高齢者に払う給料を減らしたいという動機が先に働いてしまう。従業員のエンゲージメントを高めて労働生産性を上げるのが目的のはずなのに、メンバーシップ型雇用で単一性文化のまま一律に人件費を下げても、逆効果ですよね。

別の観点からみると、長い時間をかけて非常に帰属意識の高い構成員を育てていくシステムは、労働生産性さえ高まるなら、いいわけです。

ですから、どちらがいいという単純な話ではなく、本気で変えるんだったら1社単独で雇用の仕組みを変えてもさほど意味がない。いきなり、「部長職、年収3000万円で募集します」と1社でやっても意味をなさない。社会全体で変わらないとうまくいかないと思っています。

アメリカの転職文化

アメリカ社会では、転職はごくありふれたこととして受け入れられています。

「今、仕事何してるの?」がお決まりのパーティートーク。

「前の仕事は辞めて、仕事を探してるんだ」みたいに、仕事探しのためにソーシャライズ(人的交流)するのが当たり前の社会になっています。

一方、日本は会社組織が優先される〝会社社会〟ですから、会社を辞めた途端、会社主催の懇親会などには出られないという現象が起きますよね。出身大学の同窓会は出られるのに、会社の同窓会は、中途退職者は出にくいものです。

宇宙飛行士にフォーカスしてみると、アメリカでは、軍人出身と民間出身に大きく分けられます。

軍人出身の退役宇宙飛行士だと、その多くは空軍や海軍などの軍属に戻り、組織の中でキャリアを積み重ねていくことが非常に重要視されます。

このほかにも、大学教授など公的機関でポジションを得る人や、宇宙関連企業など民間企業へ転身するなどバラエティに富んでいます。

どちらにしても、宇宙飛行士になった時点で、すでに自分自身のキャリア形成の一歩ととらえていて、さらなるキャリアに踏み出すためのステップストーン（踏み石）だと明確にしている人が多い。ジョブ型雇用の社会らしいですね。

総じて、アメリカの宇宙飛行士たちは「定年までＮＡＳＡにいるなんてありえない」と明確に言っているし、実際、そうなっている。

そもそも、アメリカで宇宙飛行士として生活を送る期間はだいたい10〜15年ぐらいが圧倒的に多い。

私の在籍期間は25年。アメリカの同僚たちに言わせたら、もう長すぎたのです。

早期退職の動き

２０２１年9月、サントリーホールディングスの新浪剛史社長が、経済同友会の夏季セミナーで「45歳定年制を導入し、個人が会社に頼らない仕組みが必要だ」と提言し、ＳＮＳなどで批判を浴びました。

セミナーはコロナ禍のためオンラインで開かれ、ウィズコロナを見据えた企業の役割について提言する中で飛び出しました。

この中で新浪氏は、アベノミクスについて振り返り「最低賃金の引き上げを中心に賃上げに取り組んだが、結果として企業の新陳代謝や労働移動が進まず、低成長に甘んじることになった」「日本企業はもっと貪欲にならないといけない」と語り、日本企業が企業価値を向上させるため「45歳定年制」の導入によって人材の流動化が進むと述べています。

その後の記者会見でも、定年を45歳にすれば、「30代、20代がみんな勉強するようになり、自分の人生を自分で考えるようになる」と言い、45歳定年制の狙いは社員の意識改革にあると強調しています。

この発言は、ＳＮＳなどで「人材の切り捨て」などと非難を浴びました。

でも、私は新浪氏の発言に強い共感を覚えました。できるだけ早いうちに危機感を持ち、所属する会社を辞めても生きていけるキャリア形成が必要だと思うからです。

興味深いのは、45歳定年制発言は新浪氏ひとりのものだけではなく、当時、企業の間で一つの流れになろうとしていたことです。

新浪氏の発言が飛び出す1カ月前の2021年8月、自動車大手「ホンダ」の早期退職募集のニュースが話題になりました。電動化や自動運転へと技術が変化する中で、中高年層に偏った人員構成を見直すことが目的と言われたものです。

ホンダのこの動きをはじめ、早期退職募集の動きがまるでブームのように取りざたされるようになりました。

会社員にとって、一番怖いのは肩叩きですが、これとは異なり、辞めたい人が退職金を割り増ししてもらって外へ出られるんですから、得してよかったみたいに思われたものでした。

ところが最近、企業側に退職金を割り増しする余裕がなくなったのか、あまり聞かれなくなりましたね。

こうした割増金はある意味、退職へと動き出すインセンティブになるんじゃないでしょうか。会社がわざわざ背中をちょっと押してくれるのですから、独立したい、転職したい人にとって、事実上の投資をしてくれる機能を持つ。当時の早期退職をめぐるニュースを、私はプラスの動きだとみていました。

こういう動きでもないと、メンバーシップ型雇用が一般的な日本では、働き手の流動性は生まれにくい。一つの会社を辞めてしまうと同業他社にもう1回入るのは非常に難しく、退職した人はまるで片道切符を受け取ったみたいなイメージが付きまといます。こうした現状を打破するのに、割増金のある早期退職制度は実にいいと評価したんです。

実際、私の大学の同期には、40代後半から50代前半にかけて、早期退職制度を利用して早期退職し、転職あるいは独立した人が多くいます。結局、人事が考えることは全国共通。どこかの企業が始めると、真似するわけです。退職金を割り増しして、一気に募集をかける。

対象年齢にあった同期たちの多くは「そうは言っても会社に残った方がいいよなぁ」と在籍を続け、今、先行きの見えない定年目前の時期に達し、悩んでいます。決断しないで「あのとき、動いていればよかった」という後悔が結構大きくなっているんです。

会社に残っても、自分の思い描いたようなキャリアには進めなかったケースもよく聞きます。

私の同期は工学系でしたので技術職のスペシャリストが多く、民間企業に居残って管理職としてさらに昇進するには、企画や管理部門のゼネラリストの方が優位だという事情もあるようです。

早期退職に応じて会社を辞めた同期の話もいろいろ聞きました。

「退職金はいっぱいもらったけどローンを返したら、あっという間にすっかりなくなって、今大変だよ」みたいに言う人も多いのですが、「あのまま会社に残ってるよりはよかった」と必ず言うんです。

人生をかけて決断したわけですからね。早期退職という橋があって、悩んだ末にそこを渡る決意をした。その橋の先にバラ色の人生が待っている保証はなく、「辞めて大変なんだよ」と言いつつも、ほとんどの人が後悔していない。

みなさん、果たして、どちらの人生を選択した方がいいと思われますか。

退職届は会社員の最大特権

私たちは結局、学校を出てからずっと会社に縛られてきました。給料も人事も住む場所もすべて会社の手に握られ、思考停止に追いやられ、やりがいを感じる術を封じられてしまっている。

そんな会社人生の中で、誰にでも主体性を持って決められて自分を取り戻す方法があります。

定年前に、退職届を出す。

これだけは、自分で決められます。ある意味、すごい幸福感のあることなのです。

退職届を出さなければ、定年を迎える60歳の誕生日に、赤いちゃんちゃんこを着せられて「はい、あなたの会社員人生はもうおしまい」となるかもしれない。

でも会社員人生の最後の一日まで、会社に決められたくないでしょう。

ずっと集団の中で働かされ、期限が来たら放り出されてしまう。それが組織に縛り付けられた会社人間の宿命なのです。

だったら、「縛られてきた仕返しに、自分で辞めるタイミングを決めてやる」くらいの気持ちで踏ん切りを付けるのも悪くない。

会社員にとって、退職届は、最後にして最大の特権なんです。

退職という最大の自己決定権を行使したら、きっと、それまでに感じなかったような幸福感を味わうことができるはず。

部下に退職者が多く出たら管理職の査定にも響くでしょうから、それまで冷たかった上司も「なんとか残る方法はない？」と焦り出すかもしれません。

焦る上司を前に、こちらは内心、「いまさらなんだよ。これまでずいぶんと冷たくしたくせに」と苦笑してしまうでしょう。退職することで人件費のカットに協力しているわけだし、むしろ感謝されてもいいくらいなのに。

でも、上司は想定外の退職届に「どうして？」「なんで辞めるの？」って言い出すでしょう。退職届には、そういうことを言わせるくらいのインパクトがある。でも、辞める側はすでにいろいろな状況のケーススタディをした上で大きな決断をし、いまの組織を離れるために退職届を出しているのです。

実際、私が退職届を出したときも、上司は困っていました。私の場合、宇宙飛行士の退職という意味では特殊な例になりますけれど。

「組織としてどう対応するか。監督官庁への報告もある」みたいなところで困っていたんだと思います。

それでも、辞めるという大きな決断を部下がしたときは、上司はそれを最大限尊重しないといけないのです。

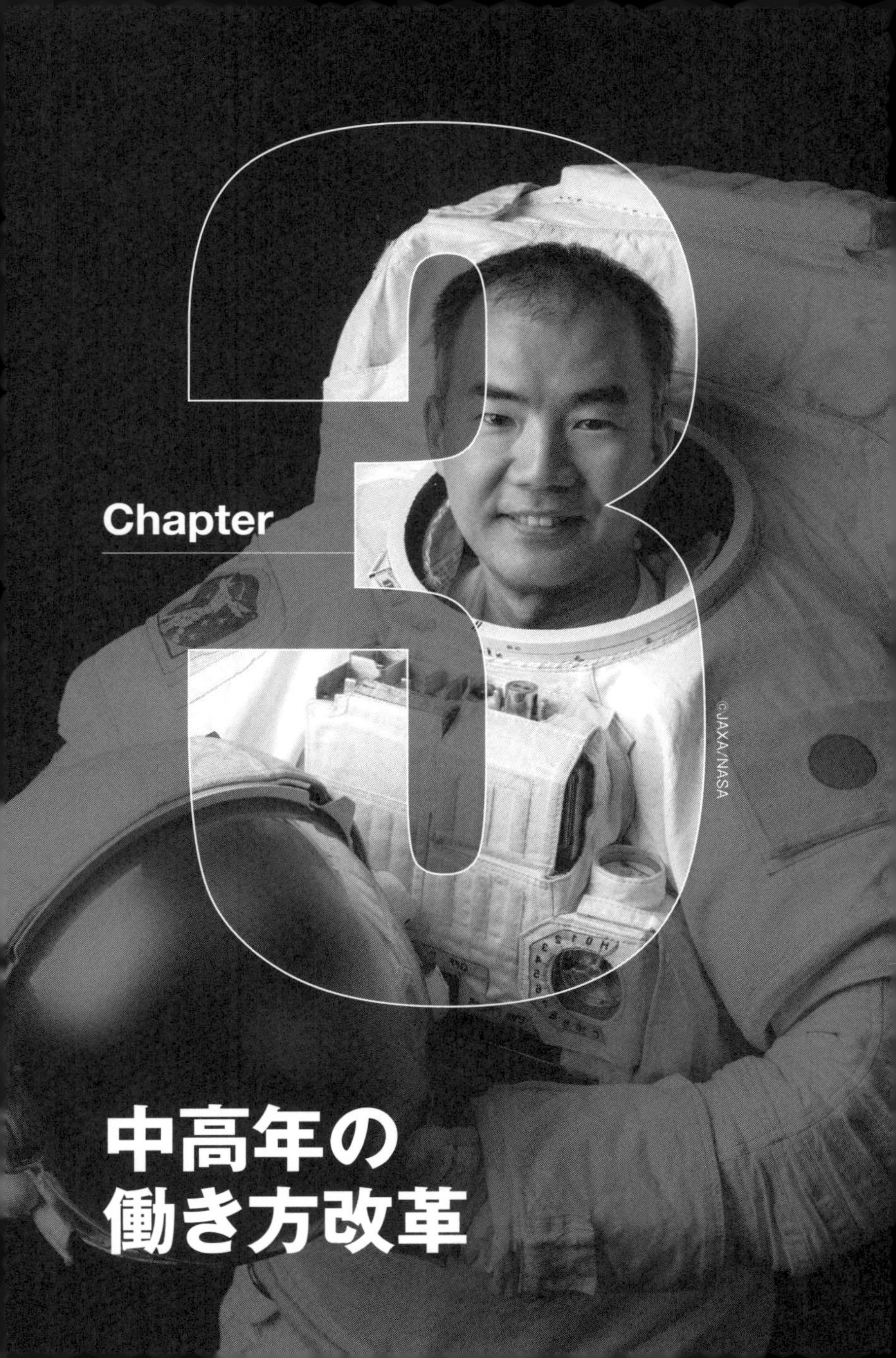

©JAXA/NASA

Chapter 3

中高年の働き方改革

長時間労働の中身

今、政府も企業も声を大きくして「働き方改革」を唱えています。

その背景には、日本企業に勤める社員のモチベーションやエンゲージメントが世界でも類を見ないほど低下し、日本の労働生産性が非常に悪くなっている現状があることを第2章で紹介しました。

私は本書の冒頭から、働く意欲や目標を見失いつつある中高年のみなさんに、やりがいを見つけて自己実現を果たすためなら、定年前退職を決断すべきだと提言しました。

果たして、この日本社会において労働意欲を喪失させてしまう要因はいったい何なのでしょうか。それを回避する対応策はないのか。この点、これから探っていきたいと思います。

労働環境を悪化させている最大の要因は、なんといっても長時間労働です。

多くのみなさんは、朝早くから会社に出勤し、夜遅くまでみっちりと職場に張り付いて働いています。さらに残業も強いられ、日中ずっと会社に拘束されてしまう。メンバーシップ型雇用がもたらす弊害の一つと言えるでしょう。

そこで、この長い労働時間をとにかく短くしたい、という声が高まっています。

OECD（経済協力開発機構）が2020年にまとめた労働時間の国際比較のデータを見ると、一目瞭然です。

いわゆる会社で働いている時間（有償労働時間）と、家事や地域のボランティア活動などに費やす時間（無償労働時間）を合算した1日全体の総労働時間は、日本がトップクラス。

しかも、世界でもまれに見る特徴があります。日本とお隣の韓国の男性は有償労働が圧倒的で、無償労働はほとんどなし。代わりに、家事や地域ボランティアは女性のワンオペ状態になっているんです。

つまり、男性は職場に長時間いて疲弊し、女性は職場の仕事に家事が加わってやはり疲れ切っている。

これでは労働意欲も下がるでしょうし、男性不在の家庭環境では少子化対策も進むはずがないのです。

Column
労働時間の国際比較

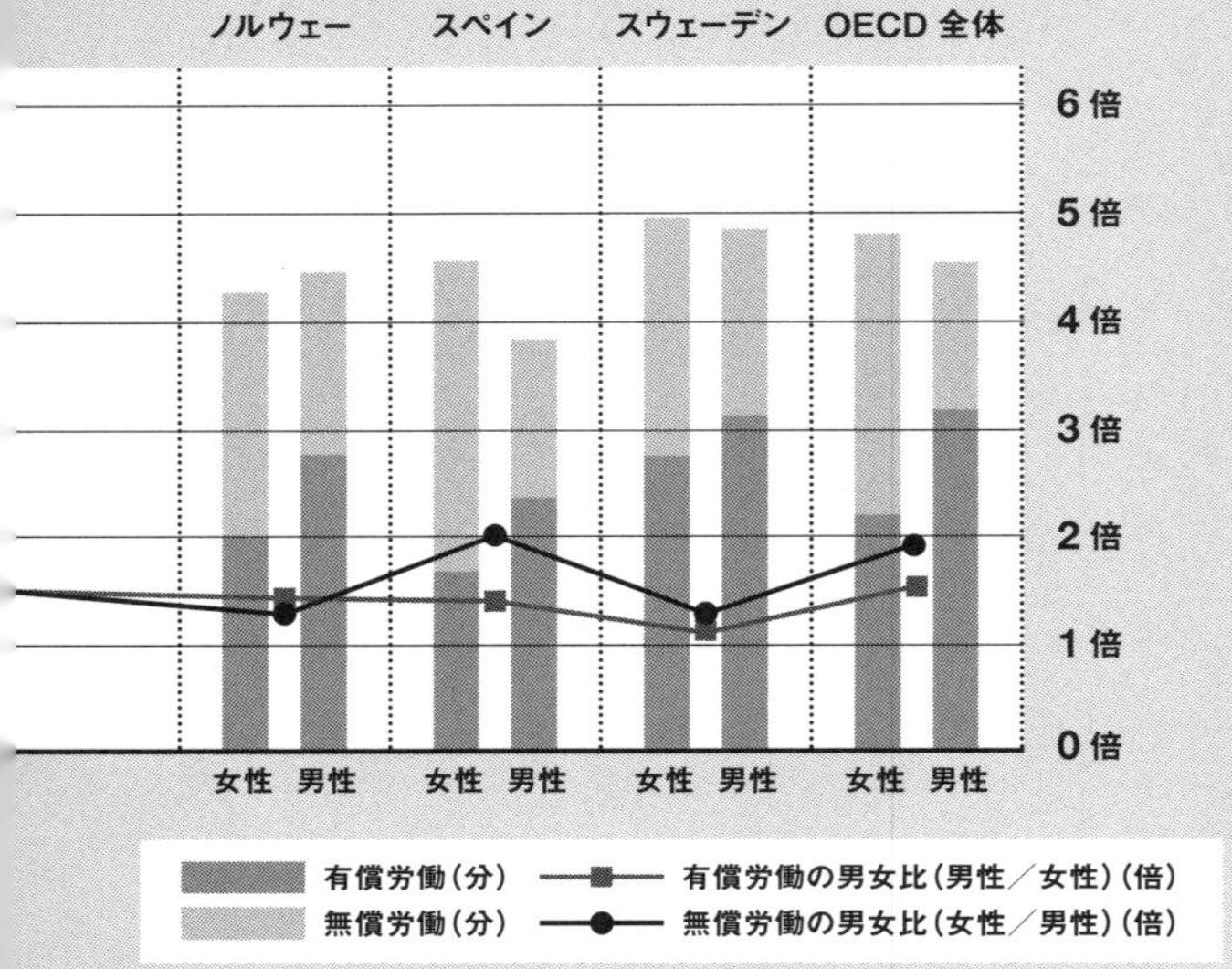

ＯＥＣＤが２０２０年にまとめた労働時間の国際比較データ（15～64歳の男女）によると、有償労働時間と無償労働時間の合計である総労働時間は、日本女性（４９６分）、スウェーデン女性（４９５分）、日本男性（４９３分）の順で長く、日本は男女ともに総労働時間が最長だった。一方、労働以外の睡眠や食事などに費やす時間は、スウェーデン男性（６１１分）、日本男性（６１３分）、ノルウェー男性（６１５分）の順に短く、日本女性は女性の中では最短の６２６分。つまり、世界的にみても日本は男女ともワークライフバランスが悪化していることがみてとれる。

有償労働時間をみると、ＯＥＣＤの平均は男性３１７分、女性２１８分。最も長いのは

〔男女別に見た生活時間（週全体平均）（1日当たり，国際比較）〕

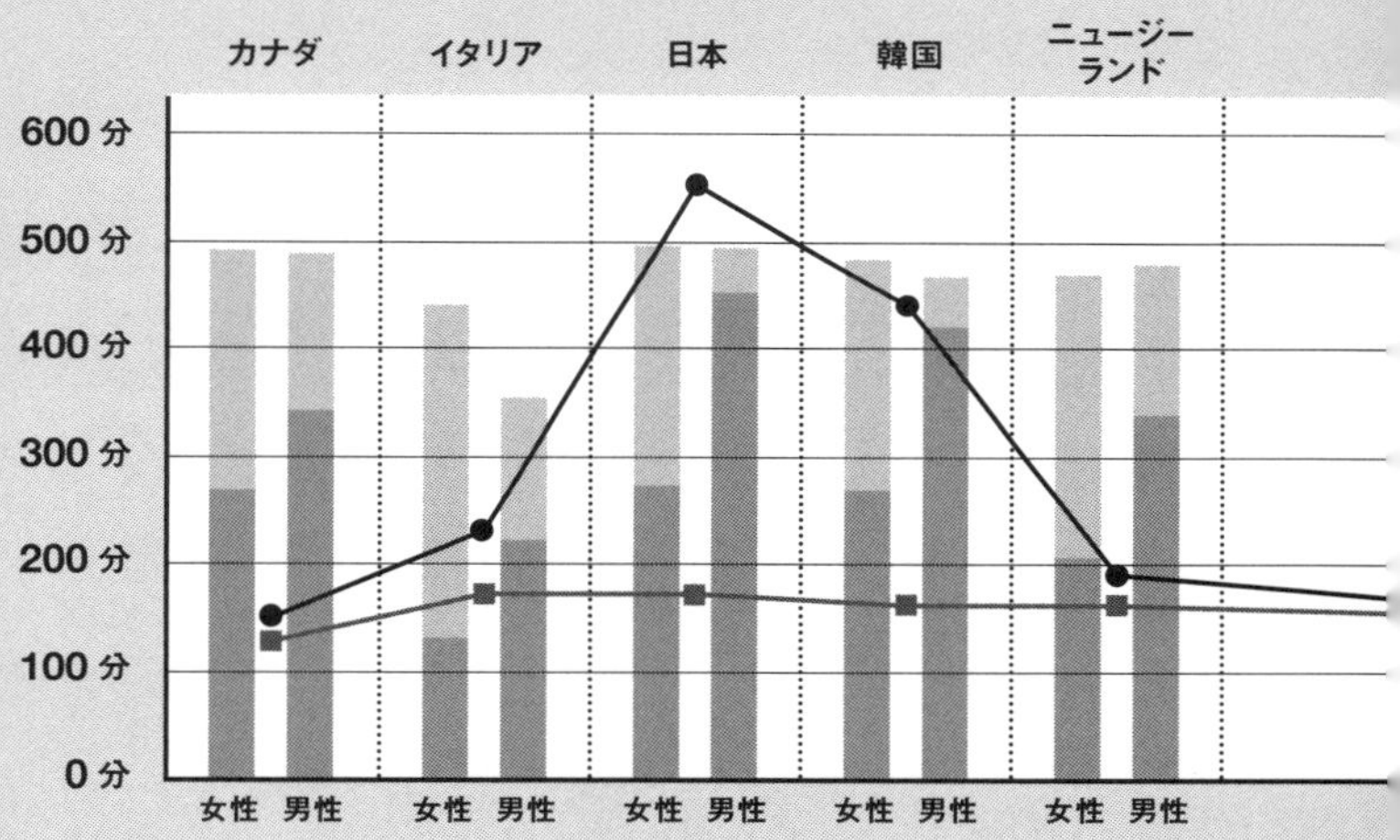

※有償労働は「paid work or study」に該当する生活時間、無償労働は「unpaid work」に該当する生活時間。
※内閣府（男女共同参画局「男女別に見た生活時間」）をもとに作成
https://www.gender.go.jp/about_danjo/whitepaper/r02/zentai/html/zuhyo/zuhyo01-c01-01.html

日本男性（452分）で、次いで韓国男性（419分）、カナダ男性（341分）の順で、日韓両国の男性が突出して職場にいる時間が長い。

無償労働時間は、OECD平均は女性262分、男性136分。長い順にイタリア女性（306分）、スペイン女性（289分）、ニュージーランド女性（264分）の順で、日本女性の224分は平均を下回っていた。逆に最も短いのは日本男性（41分）で、次いで韓国男性（49分）、イタリア男性（131分）の順となっている。無償労働時間の男女比（男性を1とした場合の女性の比率）をみると、大きい順に5・5倍の日本、4・4倍の韓国、2・3倍のイタリアで、日本では家事労働が女性に偏りすぎている。

家事力の低さが招く老後の悲劇

日本人男性の家事負担率の低さは、実は、老後にも影響を与えてしまう根深い問題をはらんでいます。

多くの男性は家事をしないわけですから、家事スキルが極端に低い。これは紛れもない事実でしょう。

家事はできなくても仕事に出ていてくれたらいい、と親が息子を甘やかしてきた日本的な家庭事情も作用しているのかもしれません。

ただ、50代の男性を見渡してみると、いろいろな理由や事情で独身者が占める割合が高くなっていますよね。家事ができないと、外食に頼りきりになり、生活コストがひどく高くなってくる。そこへ、生活習慣病にかかってしまえば医療コストも増えてくるでしょう。さらに外食のほかにクリーニング店に洗濯物を任せてしまうかもしれない。果ては、家事・掃除サービスも頼むようになり、生活コストはどんどんかさんでいくことでしょう。

こうした問題も、実は、会社での長時間労働がもたらす悪影響だと考えています。日本人男性は職場に拘束される時間が異常に長く、家での時間が極端に少ないから、安定して家事負担を行う環境にないわけです。

男性の家事力の低さは、会社の長時間労働と表裏一体の関係にあるのですから、やはりここを解決しない限り、家事ができないまま定年を迎えた男性たちは、困った老後を過ごすことになると思います。

働き方改革の看板違い

働き方改革に向けた課題は、長時間労働の解消以外にもあります。

二つ目の課題として挙げられるのは、働き方のスタイルを柔軟にすること。社員が抱える育児や介護、心身の不調などの事情を踏まえ、労働時間や勤務場所をフレキシブルに選ぶことができたら、労働意欲の維持につながるでしょう。

三つ目は、給与がフェアなこと。雇用形態にかかわらず同じ仕事や責任を負う労働者には同じ給与を与える。これがないと働く意欲を失うのも当然です。

以上の三つは働き方改革の重要課題ですが、実は、すっぽりと抜け落ちている議論があります。

最大の課題である長時間労働をしているのは、残業代がもらえないと生活費のやりくりが厳しいという現実があるからですが、そもそも残業代がちゃんともらえるのは正社員だけ。労働市場の多くを占めるようになった非正規の社員は、長時間労働でお金を稼ぐという仕組みそのものから除外されています。

非正規だと、社会保障やボーナスの手当も非常に低い。働き方のスタイルを柔軟に、と言われて労働時間をさらに短くしたら、収入は少なくなるばかりです。

この非正規雇用の問題に手を付けないままでは、社会全体の労働生産性の改善は果たせないと思います。

言ってしまえば、政府や企業が掲げる働き方改革の看板は、中身を伴っていないということにもなるわけです。

子育て世代の現場でも、看板の掛け違えみたいなことがこれまで起きていました。

育児休業が当たり前の権利のようにうたわれながら、育児休業中は、十分な給与保証がなかったからです。

今でこそ、1歳未満の子どもを養育するために育児休業を取得すると、給与の5〜7割程度を支給する国の制度が立ち上がっていますが、職場復帰が条件で、しかも子どもが1歳以上になるとこの制度は使えなくなる。その後のことは、企業の制度整備任せになり、企業の制度不備によっては、あえなく離職を選ぶことにもなりかねません。

そもそも、新生児を抱えて出費もかさむこの時期に、この制度を使っても給与自体は従来よりも減ることに変わりはありません。やはり、子育てが十分できるような給与保証をしてあげないと、少子化を解消する方向に行くのは難しいと思います。

長時間労働を許すマインド

長時間労働がいかに諸悪の根源になっているか。もう少し、この話を続けます。

長時間労働とワンセットで議論されるのが労働生産性です。これは、働いて得た成果物を分子に置き、労働時間を分母に置いて計算すると、はじき出せます。

この分数計算に従えば、分母の労働時間を減らすだけで、労働生産性は上がります。分子の成果物を増やす必要はないのです。

では、なぜ、そんな単純なことができないのか。

労働時間を減らせないのは、残業代がないと生活が苦しい事情が確かにあります。ですが、もう一つ、働き手のマインドの問題があります。

会社から「あなたは会社に貢献できますか」と問われたら、「何時間でも働けます」と答える中高年、意外と多くありませんか。「早出もできます」「夜間も働けます」みたいなことを胸張って言う方々。

ここが、長時間労働をなくせないもう一つのポイントなんです。成果物の出来栄えなど度外視して、ただただ会社に滞在時間を提供することが、組織に対する忠誠心の証だと思っている。

でも、それって、本当に会社が必要としているスキルなのでしょうか?

企業とは本来、利益を上げる機能集団です。一番の貢献は、利益を上げること。利益が上がらないのに、社内会議や稟議書の類いを増やし、社内滞在時間を増やす。それでいて、やっていることといえば、自分の部署に忠誠を尽くすためと言って、隣の部署の足を引っ張るみたいな本末転倒が起きている。このことは、ギャラップ社の調査データを紹介しながらすでに触れたところです。

なるほど、定年までは、会社があなたに会社への貢献度についてさほど問うことはないかもしれません。

しかし、60歳定年を過ぎた途端、「定年後もこの会社に貢献できるスキルはありますか」と聞かれるんです。

そのとき、ほとんどの方は、「週5日出社できます。それは私の取り柄です」と答えるしかない。これでは、定年延長で65歳まで雇用義務があるとしても、そこから先、会社に居られる理由はなくなってしまうのです。

本来なら、会社は定年になるずっと前に「あなたのスキルはなんですか」と聞かないといけなかったんですよね。ダメになるばかりなのですから。


さて、ここまで私は、自身の体験を踏まえ、定年前退職について述べてきました。

その際に強調したように、転職を目指して外に出ようとするからには、その前提として棚卸しをすること、つまり、自分の持っているスキルを自分の評価軸で見いだすことが大事だと述べました。

ですから、定年前退職↓転職の目的はあくまで自己実現の手段と思ってください。

その結果、転職した方が自分らしく生きられると判断できれば、外へ出たらいい。

そうではなく、棚卸しをした上で、今の会社でもスキルを十分発揮できると思えるなら、そのまま残る手だってあるはずです。

★ Diversity（ダイバーシティ、多様性）と Equity（エクイティ、公平性）、そして Inclusion（インクルージョン、包摂）の頭文字の三つを取って DE&I。

DE&I改革とは

私は今、いろいろな会社のアドバイザーをする中で、働き方改革の一環として「DE&I（ディーイーアイ）」を提唱しています。

Diversity（多様性）とは、性別、人種、民族、性的指向、年齢、障がいの有無、宗教などあらゆる違いのことを言います。互いの多様性を尊重し、多様なバックグラウンドを持つ人々が集まれば、新しい視点やアイデアが生まれて革新的な解決策が見つかり、より広い市場へ適応できるようになると考えられています。

Equity（公平性）とは、すべての人に同じものを提供する「平等性」とは異なります。公平性とは、各個人の状況に応じて適切な支援を行い、個々のスキルが十分発揮できるよう環境を整備することを指します。障がいを持った方、育児中の方、マイノリティーを組織に生かす重要な考え方です。

Inclusion（包摂）とは、多様な人たちが自分らしくいられる環境を作り、互いの違いを尊重し、価値を認め合うことです。すべての人が包摂される組織では、誰もが意見を遠慮なく言うことができ、組織に貢献できていると実感でき、積極的に参加しようとしますから、働く意欲も湧いてくるでしょう。

ＤＥ＆Ｉによる職場環境の変化が起きてくれれば、あえて転職をしたり、ことさら外部から人材を採用したりしなくても、社員たちの間に多様性が生まれ、イノベーションが生まれてくる可能性があります。

採用時や昇進時に公平性が担保されれば、スキルアップにも弾みがつき、自己評価も高まるでしょう。

包摂によって、社員は組織に価値を認められていると感じてモチベーションが高まり、エンゲージメントが向上するはずです。

これは何も、理想を唱えているわけではありません。ＤＥ＆Ｉを実現した企業が確実に業績アップを達成している事実があるんです。

ですから、ＤＥ＆Ｉを組織の文化として根付かせるため、今、経営陣が積極的にその重要性を語り、具体的な方針や行動計画を示すことが求められています。また、全社員に向けたガイドラインや手引き、専任のＤＥ＆Ｉ担当者を配置する動きも起きています。

ここで、私がＤＥ＆Ｉに実際に取り組んでいる例を紹介しましょう。

D&I実践編「IHIのケース」

２０２４年11月下旬。外は冷たい雨に降られ、あいにくの天気でした。ところが、社内イベントの会場となった東京・豊洲のＩＨＩ本社では、１階にある吹き抜けの大空間「アトリウム」に多くの社員が詰めかけ、外の寒々した天候を忘れさせるような熱気に包まれていました。

創業１７０周年を記念して開催した全従業員が参加するコミュニケーションイベント「ＩＨＩグループ全社員MEETING」。井手博社長とＤＥ＆Ｉグループの井上愛美さん、社会課題に取り組むＮＰＯ法人「クロスフィールズ」代表理事の小沼大地さんに私が加わったパネルセッションが始まりました。

私は２０２２年７月、ＩＨＩとエグゼクティブ・アドバイザー契約を結び、２年以上にわたって宇宙開発や新事業に関する助言のほか、人材育成に参画しています。対話イベントや交流を通じて社員のモチベーションやエンゲージメントの向上につながる活動をしています。

パネルセッションの冒頭、司会者からマイクを預かった井手社長は、ＩＨＩの現状報告と決意表明を行いました。

ＩＨＩの取り組む事業は、化石燃料の利活用に関わるものが多くありました。でも、今はカーボンニュートラルが脚光を浴びていて、ＩＨＩの事業の方向性を大きく変えないといけません。挑戦しないと成果は出ないので、とにかく、失敗を恐れずやっていくべきです。また、職場で、みなさんの中で「おかしいな」「違和感がある」と思っても言い出せない雰囲気があるといけない。どんどん発信していくことが全員必要だと思います。

井手社長は「心理的安全性」というＤＥ＆Ｉの重要タームも持ち出して、ものが言いやすい職場環境の必要性を訴えると、会場の社員たちもうなずいていました。

1階会場の席は満席。会場の後ろの方や、会場を見下ろせる2階・3階のテラスには立ち見をする社員たちで人だかりができていました。中には、私と入社が同期の懐かしい顔ぶれものぞいていました。

★ Environment（環境）、Social（社会）、Governance（ガバナンス）を考慮した投資活動や経営・事業活動のこと

ＤＥ＆Ｉグループの井上さんは担当になって３年を迎えました。実感を込めてこう言います。

「ディーイーアイ（DE&I）なんて、またカタカナかよ」と感じている方々がまだまだ多いんです（笑）。それでも1年、2年と活動を続けるうちに「言葉は分かってきた」「何か大事ないいことのような気がする」「多様性を使うと何かの力になりそうだ」という雰囲気になってきました。「それで、じゃあ、どうするの？」という段階に差し掛かっていると思います。

井手社長も同じような体験を語ります。

ある職場の社員が、「ESG★、SDGsだときて、今度はDE&Iですか。よく分からないのですが、自分なりに考えてみました」と話をしてくれました。

「ディーイーアイ（DE&I）とは『出会《であ》い』だと読み替えました。違う背景や事情のある人たちが職場で朝出会い、同じ目標に向かって仕事に従事して、達成して帰る。こ

のことが自分にとっての『出会い』、ＤＥ＆Ｉだと考えました」

なるほど、と思いました。難しく考えず、いかにして1日の半分以上を過ごす職場の中で楽しく、生きやすく、働きやすくなるのかを考えること、これが多分、一番最初のＤＥ＆Ｉなのかな、とその社員の話を聞いて私は気付きました。

すると、司会者から「野口さんはいろいろな国の方や世代を超えて働いてらっしゃいます。実際にダイバーシティやＤＥ＆Ｉはイノベーションを起こすのに必要だと思いますか」とマイクを向けられました。私はこう発言しました。

必要だと思います。お題目として多様性を言うんじゃなくて、実際問題として多様性を取り入れて公平な制度を作り、社員のみなさんがしっかり受容している企業は、業績もどんどん良くなっています。自分たちの足をとらえているぬかるみから一つずつはい出していくと、多様性がもたらしてくれる透明感を感じられると思います。

さらに私は、ＤＥ＆Ｉに伴う困難さにも触れました。

「英語ばかり並べやがって」みたいな反応もあります。DE&Iチームと一緒にいろんな工場に行って話をすると、上滑り感があるわけです。みなさん、私は傷つかないと思ってるんでしょうけど、やっぱり私も傷つくんです。

私が真顔で言うと、会場から笑いが漏れ、場の雰囲気が和みました。

私が、アドバイザーに就いて2年余り。ＤＥ＆Ｉという言葉がじわじわと浸透してきていて、「その次のアクションに移るときだ」と切り出し、次のような発想の転換を訴えました。

「この会社に未来はない」と言って辞める若い人はどの企業にもいます。

でも、よくよく見ていくと、会社に未来がないんじゃなくて、実際のところは、変われない自分に未来がない。

だから、自分が新しいことを学ぶ、新しい環境を作っていく、コミュニケーションを回していけるっていう、自分が新しい挑戦ができて、新しい転機がちゃんとあることに

★アンコンシャスバイアス（Unconscious Bias）＝自分自身のものの見方にゆがみや偏りが生じていることを指す。無意識の思い込み・偏見、とも訳される。たいていの場合、人は過去の経験や知識に基づいて判断するため、思い込みや偏見があることを自覚するのは難しい。自覚が難しく見過ごされやすいせいで、本人の周囲や所属組織にハラスメントなどの弊害をもたらす可能性がある。

気付かないまま、会社のせいにしてしまっている。やはり、自分の周りを見ながら転機を探して変わっていけるきっかけを作っていくことが大事なんです。

井手社長は、社長自ら変わることが大事なのだと発言しました。

自分は、同世代の方と話すことが圧倒的に多かったのですが、世代が違う方と話すと、それまで気付かなかった視点を得られることがあります。ですので、今意識しているのは、なるべく自分がいつも話していない方々と話すこと。そのことで、アンコンシャスバイアス★にも気付くことがあります。

私は社長の考えを支持しました。すなわち、「DE&Iを理解してアクションまで持っていくのは大変なことで、気心の知れた仲間とこれまで通りでいる方が楽なんです。できればIHIにずっと居て、IHIには変わってほしくない、という思いが誰にもきっとある」と言うと、会場のみなさんにこう語りかけました。

だったら、自分が変わらなきゃいけない時代になってきているわけです。市場環境は

すっかり変わった。今の心地よい職場環境を守るためには、自分の中身を変えていく。自分のものの見方を変え、多様性に適応できる技術を獲得し、職場の人間関係も外から刺激をもらいつつ、ちょっとだけ変えていく。その積み重ねで良い職場になっていくと思います。

イベントは質問タイムに入りました。会場から私に、多様性と比較して「画一性についてどう思うか」と質問が出ました。私はこのように答えました。

スタートの早さは均一なチームが圧倒的。全員同じ性別、同じ教育を受けたチームで走り始める方が、スタートは間違いなく早いんです。

多様性のチームは、まずベクトル合わせをして、一人ひとりの多様性に目を向けるところで最初は時間がかかる。では、大事なところはどこかというと、スタートから最後まで経営課題が変わらなきゃ均一なチームがそのままゴールするわけですけど、今は途中でその課題が変わるわけです。

地政学的な問題、為替の問題。多様な方がいた方が、途中で飛んでくる横槍に耐えることができる。スタートダッシュが多少遅くても、新しい課題にしなやかに対応してチームとしての完成度が上がる。これが多様性の一つの隠れた効果かなと思いますね。

最近話題になることが多い「副業」も話題に挙がりました。

ＮＰＯ法人を起業したご経験から、ＤＥ＆Ｉについて実感していることを小沼さんが語り出しました。

私は、十数年前にＮＰＯ法人を立ち上げて社会課題をマネジメントしていくと言ったのに、職員から「副業したい」と言われ、「やりたいことがあるからうちに来たんじゃないの？　ここの仕事を２００％やろうよ」なんて心の中で葛藤がありました。

でも、最終的に認めたんです。その後、１週間や１カ月のスパンでみると生産性は落ちたと思います。

半年ぐらい経ったとき、別の職場でやってきたことをうちの職場に『こういうこと、ありましたよ』と情報提供されて、全体の生産性が上がり始めた。これはもしかしたらペイする（採算がとれる）かもしれないと思いました。

さらに、1年ぐらい経ったとき、そのメンバーから『副業を認めてもらえなかったら辞めていた』と聞きました。つまり、副業の導入でリテンション（離職回避）できた。辞めたその人の代わりを採用して育成するコストがかからずに済んだんです。

副業を認めると短期でマイナスになっても、長期ではプラスになると気付いた瞬間に、経営者として完全に腹落ちをして、多様性に振った方が長期で見ればすごくいいんじゃないかと思いました。

170周年を迎えるIHIさんのような企業なら、長期目線で生産性・効率性を得ることができるんじゃないかと思います。

一見すると本業とは関係なさそうな副業ですら、社長同席の場で自由に議論ができる。IHIの風通しの良さが実に感じられたひとときでした。

私にとっても、一社員だった自分を宇宙飛行士の世界に送り出してくれたこの会社が、再びアドバイザーとして迎え入れてくれたことに、限りない喜びを感じた瞬間でした。

© 合同会社未来圏

働き方改革はコストと時間がかかる

ここまでみてきたように、私がDE&Iのアドバイザーを務めて分かったのは、何よりも社長が改革意識を持っていることが大事だということです。トップが言わない限り、働き方改革をする方向には絶対動かないんです。

確かに、トップが改革をうたっても、その下の執行役員とか部長レベルが「いや、働き方改革が大事なのは分かるんです。でも、今、業績が悪いんで、それどころではなくて」と逃げを打つことがあるかもしれません。

これは、ゆとりがあるときなら働き方改革をやるかもしれないけれど、目先の業績を上げるのが先でしょ、という考え。日本企業の中では当然のように受け止められがちです。

でも、本来の働き方改革である①労働時間を短くしましょう②働き方を柔軟にしましょう③給与をみんなにとってフェアにしましょう——と段階を追って改善できれば、労働生産性は間違いなく上がってくるんです。

ワークライフバランスが良くなると、心身の病気を治すのにかかるお金も減ってきて、社会全体として医療費コストが下がる。心身の健康維持ができるようになれば、確実に社会全体の労働生産性が上がる——。

まぁ、理屈としては分かる、けれども、制度改革以上に意識改革には時間がかかる、という意見もあると思います。もっともなことです。

だって、人の心には惰性というものがあって、想定しない外的な動きに対し、それに逆らおうとする性質がある。硬い言葉で言うと現状維持バイアスですね。就業規則は4月1日で一気に変わっても、社員の意識は何年経っても変わらない。そこをどうやって乗り越えられるか、ですよね。

結局、働き方改革はコストと時間がかかるけれども、やがて生産性が上がることでそれまでのコストが吸収されて、みんながハッピーになる。そこをちゃんと理解できることが大切なんだろうなと思います。

★ Felps, W., Mitchell, T. R., & Byington, E. 2006. How, when, and why bad apples spoil the barrel: Negative group members and dysfunctional groups. Research in Organizational Behavior, Volume 27: 181-230.

DE&Iとエンゲージメントの意外な関係

第2章で、日本の職場の深刻な問題としてエンゲージメントが低いことを述べましたが、ここでひとつ興味深い研究をご紹介しておきます。2006年にオーストラリア屈指の名門国立大学であるニュー・サウス・ウェールズ大学のフェルプス教授が発表した社会心理学実験です。「腐ったリンゴ」★実験として有名なので、すでに聞いた方もいるかもしれません。

この社会実験では、10人くらいの小グループの中に「意図的に低いエンゲージメントの社員を演じる仕掛け人」を送り込み、それがグループ全体のパフォーマンスにどのような影響を与えるかを調べています。

低いエンゲージメント社員の典型として、以下の3種類の属性が設定されました。その設定が、なんとなくヒーロー映画に出てくる悪役みたいで面白いので一部原文のまま紹介しておきますね。

❶ Jerk: violating important interpersonal norms ＝嫌なヤツ（性格が悪く攻撃的）

❷ Slacker: withholding effort from the group ＝サボり屋（チームのために努力しない）

❸ Pessimist: expressing negative affect ＝悲観者（愚痴や不満ばかり言って周りを暗くする）

さあ、みなさんはこの結果をどう予想しますか？　なんとなく、攻撃的な嫌なヤツが一番やっかいでサボり屋がその次、最後の悲観者はそれほどグループに悪影響が無さそう……という感じでしょうか。職場を見渡しても、何かとつっかかってくる若者にはみんな手を焼き、サボり屋はなんとなく黙認、愚痴っぽい人はそのまま放っておく、という例が多そうな気がしますよね。

ところが、実験結果は驚くことにどのチームも労働生産性が30％から40％も低下してしまいました。それだけではなく、仕掛け人の悪い属性が他のメンバーにも伝染していることが分かったのです。例えば攻撃的な仕掛け人が1人いるだけで実験が終わるころにはチーム全体が攻撃的でギスギスした雰囲気に、悲観者が1人いるだけでチーム全体のムードが暗くなっていたのです。組織の中に腐ったリンゴ（仕掛け人）が居ると、いつの間にかそれに同調する人間が増えてしまう。つまり低いエンゲージメントは内部から組織を腐らせて労働生産性を悪化させるということが分かったのです。

これだけだとあまり救いの無い話ですが、これには続きがあります。実は、仕掛け人が加わったのにチームのパフォーマンスが下がらなかった集団もありました。それらのチームには共通点があり、以下のようなリーダーの資質があったのです。

❶ Model the way（自分自身がチームの規範を示す）
❷ Name it（問題を見える化して、無理に解決するのではなく課題を共有）
❸ Ask good questions（話をよく聞き、良い質問をする）
❹ Help group refocus（チーム全体が目標に再フォーカスできるよう促す）

こういう資質を持つリーダーが、仕掛け人の悪い言動に対して、常に前向きに、押し付けではなくじっくりと相手の話を聞いて、ぶれずに目標に向かえるように促すことで、低いエンゲージメントは伝播せずチームとして高いパフォーマンスを保つことができていたのです。

実はこれこそが、ＤＥ＆ＩのInclusion（包摂）、「心理的安全性」の効果そのものなんです。仕掛け人含めメンバー全員に対して、自分はこのチームに居ても安全だという「心理的安全性」を与えることで、率直な対話が実現し、目標達成にむけて一緒に貢献しようという意欲が生まれる。仕掛け人の悪い属性に対しても、見なかったことにするのではなく顕在化した上でやんわりと目標達成にむけて再度フォーカスしていく。低いエンゲージメントがあっても、心理的安全性を確保することで労働生産性の低下を防ぐことができるという、素晴らしい研究成果だと思います。

DE&Iに対する揺り戻し

ＤＥ＆Ｉの先進国といえば、やはりアメリカです。多民族国家ならではの歴史と経験が生きていて、それがＤＥ＆Ｉを後押ししているのは間違いありません。しかしながら意外なことに、今アメリカではＤＥ＆Ｉ離れというか、ＤＥ＆Ｉ疲れみたいな現象が起きています。「もうそんなこと、やらない」と公言する経営者もちょっと増えていて、問題になっているんです。

例えば、Ａｍａｚｏｎが「週5日制に戻す」と言い出しました。まさしくバックラッシュ（揺り戻し）です。ＮＡＳＡ時代によく交流したスペースＸも「週40時間働けない者は社員じゃない」という感じになってきました。

ご存じのようにコロナ禍のアメリカでは在宅勤務が主流で、ネットワーク環境やオンライン会議システムの整備と相まって一時期は職場にほとんど来なくてもいい会社が多かったのです。

でも、その影響なのかどうか、現業部門を持っているところを中心に、業績の下がった企業は危機感を持っていて、在宅ワークの見直しが始まっているようです。

こうした話は、すべての業種に働き方改革の理念が通用するわけではないという反面教師の側面もあるんだと思います。

働き方改革は、長期的には労働生産性を上げるけれども、短期的にはコストがかかる。そこを乗り越える意識改革が何よりも大変になっているという意味では、本当に世界共通なんですね。

このような海外の反動とも呼べる動きは、多様性を忌避する風土が依然として根強い日本にとって、逆風になりかねません。

日本社会には、激しいイノベーションよりも、微調整を良しとする持続的な業務改善の分野が多いのです。その結果、集団の平均値を上げようとしますから、均質性が大事で、構成員の調和も取りやすい。

でも、これでは外界の不連続な変化には対応できないんです。尖ったアイデアを生み出すような不連続的で破壊的なイノベーションは生まれない。調和第一のぬるま湯状態ではパフォーマンスは低いままになります。

第一、多様性には意見の衝突がつきもので、ＩＨＩが志向するように、自由な議論の素地として心理的安全性が重要です。でも、心理的安全性は不快やカオスを受け入れて組織として成長することが目的なのに、日本の場合はひたすら不快やカオスを起こさないことに力点が置かれている感があります。

とにかく、変わりたくない。「言葉に出さなくても分かる」という集団がなにより好き。だから、集団の中の争いを見たくない——そういうマインドが、日本人には依然としてあるように思います。

労働の国際比較

働き方改革が一筋縄ではいかないのは、労働に対する日本人の価値観と切っても切り離せない事情があるからだと思っています。

日本はいわゆる農耕文化ですので、1カ所で毎年同じように繰り返し労働することが好まれ、いわば美徳でもある。会社勤めの場合も、定年まで、あるいは定年後も同じ場所でずっと反復して勤め上げることが尊敬の対象になります。

日本人の労働観は労働神事説に基づいているといわれます。労働によって神に仕えるという意味。これは、稲作に由来していて、神の委託を受けて稲を作り、収穫物を奉納するという古代から続く考え方です。

労働は神事なのですから、労働は善。逆に、休暇は罪とみなされる。

ほら、当たり前の休暇期間なのに、その後に会社に出てきたとき、「休んでいて、すみません」なんてあいさつすること、あるじゃないですか。これって、日本人の勤勉さの表れであり、日本人特有の同調圧力の産物でもある。全員がずっと、いつまでも、同じ場所で働くことを善とする考えが定着してしまっているせいだと思います。

実は、労働神事説が信じられている日本では、ジョブ型雇用になっている分野でも、同じところで働くことを美徳とする風潮があります。プロ野球選手の場合、褒められるのはたいてい、1球団で現役引退まで活躍した人。同じ球団一筋20年なんて素晴らしいですね、みたいな。

一方で、FA宣言した選手は金儲けをしているとか、いろんな球団を渡り歩いている選手は信用できないとか、何かと良くないように言われてしまう。プロ野球選手こそ、一般の人にはない技能を球団という企業に提供するため毎年契約更改していますから、ジョブ型雇用の典型のはずですが、同じところで働かないと褒める対象にならない。不思議な話です。

欧米の場合、狩猟文化といわれるわけですが、これは常に場所を変え、標的を変え、パートナーすら場所によって変えることに躊躇がない。

欧米の労働観は伝統的な宗教観にも影響されています。突き詰めて言うと「労働は罪」なんですね。人間は原罪を持って生まれ、労働という苦しみを味わい、週末の休暇になると苦役から解放される。だから、バケーションはみんなで跳びはねて喜ぶわけです。日々の労働という苦しみを受け入れている対価として、休みは当然だ、と。だから、夏は1カ月休みます、って当たり前なんです。

一方の日本では、小学校に「皆勤賞」なんてあった時代もある。これって、多分、ヨーロッパあたりから、「おかしくない？」と思われちゃう。最低限の単位を取ればいいのであって、なんで毎日学校に行っちゃってるわけ、と不思議がられてしまう。

日本と欧米の違いのもう一つは、「そろそろ潮時かな」と感じる年齢の違いにあります。日本ではセカンドキャリアというと定年後、つまり60歳以降の再雇用を指すことが多いので、その直前にあたる55歳ごろに慌てて将来の身の振り方を考え始める。

それに対してアメリカ人なんかは、40歳が人生の折り返し点と考える傾向がある。Over the Hill と言って40歳以降は下り坂、つまり若いころとは違うキャリア設計が必要と考えるきっかけ作りができる。

ロシア人に至っては、早婚傾向ということもあり20代前半で結婚、30代後半には子育てを終え、40代後半は孫がいる人が珍しくないです。セカンドキャリアを考えるタイミングはもっと早いと思います。

私は宇宙飛行士のとき、アメリカ人とロシア人のキャリアパスを見ていました。ですから、比較的早い時期から「下り坂」に入る準備はできていたのかもしれません。

副業とフリーランス

私は、ＪＡＸＡで副業はさほどしていませんでした。東京大学の非常勤講師とか、著作物の印税収入程度でしょうか。収入が無いボランティア的な名誉職を別にすれば、副業はそれほど多くなかったんです。

私がＪＡＸＡに籍を置いていた時代は、まだ正社員が社外で副業することへの風当たりが強く、基本的に副業を認められませんでした。ですから、いちいち申請書を丁寧に書き上げて、中間管理職から決裁印をいっぱいもらって、本業に影響しないことを条件にして、組織のトップである理事長から決裁印をもらってからじゃないと、副業・兼業は許可してもらえなかったのです。

今の時代、企業の間では、副業がかなり緩和されてきましたね。本業では得られない業務経験によって得たものを本業に生かせるようになって、ｗｉｎ－ｗｉｎの関係になりつつあります。

前述したＩＨＩのパネルセッションでは、小沼さんが自分の組織で副業を認めたときの苦悩と後から生まれてきた相乗効果について教えてくれました。実に興味深い話です。

実際、私も申請書をいくつか書いた副業のケースの中で「こういう経験は本業に生かせていいな」と思えたこともありました。

言ってみれば、本業と副業の関係は二毛作じゃないでしょうか。同じ畑で米を作る時期、芋を作る時期があるみたいに。メインである本業の稲作をちゃんとやりつつ、収入やスキルのアップを狙って、別の商品作物を栽培して副業をやる。

副業は本格的な転職前の練習、心理的な練習になるかもしれませんね。ボランティアと違い、副業では収入に伴う責任が発生します。本業との間で干渉がないようバランスを取りながらやる。転職へのいい助走期間になる可能性があります。

副業の有効性は、会社員をいきなり辞めてフリーランスになるときに生じるリスクを考えるときの参考になります。

日本では今でも、有名大学↓有名企業↓社内の出世競争という各シーンにおいて競争に勝つ、というルートが固定化してしまい、育成パスが完全に画一化しています。

一度そこを外れてしまうと、元のトラック（昇進コース）に戻るのが非常に難しい。このルートを自ら外れるのはリスクが高く、再チャレンジしにくい社会なんです。

キャリアが単線化・画一化した社会では、フリーランスの若者は非常に不安定な立場に置かれる。使用者側の企業人の多くが、経験していないパスですから、理解が得られにくいのです。

本当は、そんなことはないはずで、違った個性とスキルを持っている以上、いろんなルートで育成していけるはずなんですが、そういう発想自体がなかなか許容されていない。

いきなりフリーランスが大変だと思ったら、今の就業規則上認められる範囲で副業を始めるか、中高年の方だったらボランティア活動を通じ、キャリアの複線化にトライしてみる手はあると思います。

Chapter 4

今こそ「弱さの情報公開」を

悩まない不幸

第3章で見てきたように、ＩＨＩのような日本経済を牽引する企業でも、社内風土を変えるのは、一筋縄ではいきません。

これはある意味、日本特有の終身雇用制度が招いた結果と言えるのかもしれません。

この仕組みの下では、働きがいや自分のキャリアについて能動的に考える機会は与えられません。その代わり、給与と組織に所属する喜びを与えてくれるはずでした。


でも、長年在籍するうちに企業独特の風土に染まり、「この会社を離れたら、自分のスキルや能力に汎用性がない」とか「部長や課長に就いても、外に出たら使い物にならない」などと思い込むようになります。

汎用性がなく、自分のポストもよそでは通用しないから転職しても能力は生かせない、だから今の会社に奉公してください――という方向に会社が社員を仕向けてしまったのではないか……。私にはそう思えて仕方ありません。

そもそも、「この会社に入れば、生涯安心・生涯幸福」ということが本当にいいことだったのでしょうか。

会社にずっと居続けることで、あなたは多くのものを切り捨てたのではありませんか。悩むことをせず、組織の内部ルールをすべて受け入れる人生って、本当に幸せだったのでしょうか。

やりがいやキャリアについて考える機会を失ったのは、あながち、会社のせいだけではないかもしれません。

6歳で小学校に入ったときから、その先の受験に向けて目の前にニンジンをぶら下げられ、それをずっと追いかけてきた人生。

そのことに違和感を覚える機会もなく、何十年と組織に言われるままに走ってきて、いきなり半世紀後の55歳くらいになって「はい、自分で道を決めましょう」と言われても、「ニンジンがありません」という感じになってしまう。

もちろん、日々の困窮状態に悩むより、衣食住が足りていることは精神衛生上、好ましい。

でも、自分はどう生きるべきか、何を行えば幸福になれるのか、と真剣に悩むことは決して悪くない。

私も退職をめぐって悩んだ一人ですから、「悩まないことが幸福なのか」とあえて問いかけたいのです。

先に述べたマズローの欲求5段階説によれば、多くの現代人は社会からの承認欲求が満たされないからこそ、悩みを抱えている。その一つ上位に位置する自己実現の欲求に向き合うことは、生きがいを求めようとする人間らしい欲求です。

分かりやすくいうと、金銭的収入や社会的地位を求める承認欲求は「満たされないと不幸になる」欲求にとどまっていて、社会に貢献したり自分らしさを追求したりする自己実現の欲求は「それを目指すだけで幸せになる」欲求です。

大切なのは、心から幸福感を得られることではないでしょうか。

ですから、必ずしも悩むことが悪いとは思えないのです。

ミッドライフ・クライシス

ミッドライフ・クライシス（Midlife Crisis）という言葉を知っていますか。中年期の危機、とも訳される言葉です。

一般的に40代後半から50代前半の人生中盤において、個人が自分の人生やキャリア、成長を見つめ直し、人生の意味や目的に対する深い疑問や不安を感じる時期を指します。この時期には、自分の過去の選択や未達成の目標に対する後悔、さらには老いに対する不安が強くなることがあります。

私自身、そうでした。

ロシアのソユーズに乗って2回目の宇宙飛行から帰還した後、私は達成感の後に大きな苦悩が押し寄せてきて、苦しみ続けました。

5カ月以上にわたる日本人初の長期滞在と船外活動を成功させ、日本人宇宙飛行士としてトップに立った私は、いったいこれから何を目標にしていけばいいのか、やりがいを見失っていました。

それに加えて、せっかく樹立した記録も、あとに続く宇宙飛行士に塗り替えられていく中で、苦悩は増していったのです。

私でなくても、ほかの人にだってできるじゃないか。宇宙飛行士としての私の価値って、いったい何だったのか――。

私自身の存在意義を自問自答する日々が続き、この喪失感はずっと私を苦しめました。2回目の帰還から3回目のフライトに至る、40代半ばから50代半ばまで、10年も続いたんです。

この間に出会ったのが、後ほどお話しする「当事者研究」です。

これに関する論文を書いたり書籍の出版をしたりしながら、2度にわたる宇宙体験について私は振り返ることにしました。

このとき、私は自分の内面をとことん見つめました。そして、ある境地に至ったんです。

私はしょせん、組織や他者の価値観や評価軸を基に、自分のアイデンティティを構築してきただけだったのじゃないか。

よその人と比べて一喜一憂したり、与えられた目標を追いかけたりしているだけでは、決して幸福感は訪れないのではないか。

本物のやりがいを得るためには、自分の棚卸しを行い、生きる方向性や果たすべきテーマを自分で見つけ出さなければいけないはず。

行きつくところ、幸福感を感じられるカギは、この自分の中にあり、地に足を着けて自分の足で踏み出すべきなんだ、と。

Column

ミッドライフ・クライシスを越えたケース

アメリカの発達心理学者であるエリク・エリクソンによると、40～65歳を成人後期と区切り、その時期に達成されるべき課題を達成できないと、ミッドライフ・クライシスに襲われるという。中高年の約８割が経験するとの分析もある。

一見して順風満帆に人生を歩んでいるように見える人でも陥る可能性が高く、多くの場合、本人が自分の不安定さを自覚していないため、予見が難しい。

中高年に訪れるこの心理的な危機は、日本における40代以降の自殺率の増加にも影響しているのではないかといわれており、極めて深刻な問題となっている。この危機に遭遇し、乗り越えたケースがある。

●キャリアの見直し

ある男性は40代後半で仕事に満足していなかったことに気付き、人生の残りをどう過ごすべきか考え始めた。企業での地位や報酬に不満を感じ、自分の人生に何か意味を見いだしたいと感じた結果、長年就いてきた営業職とはまったく異なるアート業界に転職。家族や友人は驚きや懸念を持ったが、本人は「人生をやり直す」と決断し、納得したセカンドキャリアを歩み出している。

●人間関係の再構築

50歳を過ぎたある女性は、子どもが成長して独立したのをきっかけに、自分の人生を振り返った。夫との関係に疑問を持ち始めてこじれ出したが、これは、自分のアイデンティティや個人の幸福に対する再評価の一環だった。やがて離婚を決断、新しいパートナー探しを始めたという。

●潰えた夢をかなえる

40代半ばのその女性は、仕事に追われながらやりがいを見いだせない自分にいらだち、夢を封印してきた日々を後悔した。「今からでも遅くない」と踏ん切りを付け、夢だった小さなカフェを開くことを決心し、退職届を出した。

「弱さの情報公開」

中高年層に限らず、日本の会社社会の中で閉塞感を感じ、ストレスや悩みを抱えている人は実に多い。その原因の一つは、はっきりしていいます。抱えている悩みを言いづらいのです。

かなり一般化した傾向として言うと、おしゃべりの好きな女性よりも、しゃべり下手な男性の方が自分の悩みを打ち明けられない。

例えば仕事の帰り、女性たちだけで飲食店に立ち寄って、会社の不満ばかりか、家庭の愚痴も抵抗なくしゃべる。こうしてストレスを解消するってこと、あると思うんです。

一方の男性たちは、会社の同僚と共通の上司の悪口を言うのは得意ですけど、自分の抱えている個人的な悩みって、言いにくい。

ちょっと一般化しすぎかもしれませんが、高倉健さんのＣＭではないですけれど、男性の方が不器用に生きている傾向があるんじゃないかと思うんです。

何も男女の間だけにこうした傾向があるわけじゃなくて、例えば、若年層よりも中高年層の方に、ブルーカラーよりもホワイトカラーの方に悩みを言葉にしづらい傾向があって、自分のことをなかなか他人に相談できない。

これは看過すべきことではないと思います。

悩みの言いづらさから解放されることが何よりも大切です。

当事者研究に関わっている私たちは、これを「弱さの情報公開」と呼んでいます。

中高年は収入も下がり、モチベーションも下がる。居場所もなくなる。なのに、自分が抱えている悩みを周囲に出せなくて苦しんでいるわけです。

「辛い」って言えない。

これは、一つの病理だと考えた方がいい。

中高年が悩みを言い出せないのは、弱みを見せると出世競争で不利になりかねないという恐れがあるからです。「もうダメだ」と音を上げると、「あいつはもう使えない」と上司に思われてしまう。だから、弱みは上司やライバルに見せられない。そんな職場環境というか、社会のあり方が中高年を精神的に追い込んでしまう。

あるいは、「働き方がおかしい」と職場の上司に進言したくても、組織に逆らっているかのように疑われ、出世競争に不利になってしまう。

日本のオフィスでは、いろんな心理的障害が生じていて、ものを言い出せないのです。だから、上司から理不尽な要求を受けて疲弊し、ずっと不満を抱え込んだ末に、パフォーマンスが下がっていく。そこへさらに組織からの要求が高まり、悩みはもっともっと深まっていく――みたいな負のスパイラルに陥りがちなんです。


中高年にとって、会社が唯一の社会になっている点も不幸なのです。

欧米と比較してみましょう。

アメリカやヨーロッパでは、人間は3カ所に属している――家庭と教会と会社。この三つは、同じぐらい大事なんです。だから失業しても、アイデンティティの崩壊には直結しない。家庭や教会での立ち位置があるのですから。

ところが日本では、中高年の男性たちは圧倒的に会社に依存しています。それもそのはずです。日本の会社は新卒者を雇い、上司が一生懸命に教え、組織内の倫理観を身につけさせるから、みんな会社にどっぷり浸かる。

この唯一帰属している組織から、中高年の男性たちが三行半《みくだりはん》を突き付けられたら、もはや逃げ場所がなく、アイデンティティを維持することは不可能になってしまうのです。

現代は、誰でも等しく心が折れる時代になっている——そういう共通認識を持つべきです。

「そいつは根性が足りてない」とか「やる気がないから心が折れるんだ」みたいな時代じゃなくなっている。みんなに等しくストレスがある以上、必ずその結果としてメンタルが折れるときがくる。

でも、心って見えないから、難しい。

転んで骨を折った部下に対して「気力で直してこい」なんて言う上司はいないでしょう。

でも、メンタルの場合、「やる気が出なくて」ってシグナルを送っても、上司から「お前、頑張れ」の一言で終わってしまう。

今の中高年はまさに昭和時代の気質をいまだに引きずっていますから、自分に対しても同じことをする。骨が折れたら必ず添え木をするのに、メンタルがやられてどうしても朝起きられないのに、つい頑張ってしまう。

でも、折れた心には何らかの手当てをしないと危ない。

吐き出すことが救いになるはずなのに、どうしてもため込んでしまい、治癒するチャンスを失ってしまう。

辛くて心が折れそうになったら、「私は今、弱っています。もう心が折れそうです」と吐き出すこと。

そこに、問題解決の糸口があるはずです。

Column

当事者研究

東京大学先端科学技術研究センターで熊谷晋一郎教授の研究室が取り組んでいる研究テーマ。

熊谷教授は脳性まひを患い、車椅子生活を送る小児科医。

障がい者や難病を抱えた患者、あるいは薬物依存症に苦しむ人たちを対象にした研究では、研究対象になっている患者にしか分からない苦しみや悩みがある。このため、患者自身が研究に加わり、専門家と一緒になって研究や政策の制度設計に参画しようと取り組んでいる。

当事者研究には、障がい者や依存症と闘う当事者のほかに、五輪・パラリンピックに出場したアスリートや宇宙飛行士も当事者として参加している。

例えば、オリンピック選手の場合、学生時代から監督やコーチに怒られ続けたせいで心身ともに疲弊し、試合や練習以外ではやる気を喪失してしまうことがある。勝つことにだけ価値を置きすぎるから、敗北を経験すると引退後の人生を無為に過ごしがちだという。

宇宙飛行士も訓練過程がオリンピック選手と酷似している。宇宙飛行士は無重力での作業に慣れるため、無重力を模したプールの中で何時間にも及ぶ苛酷な訓練を受ける。これはオリンピック選手たちの猛烈なトレーニングと似ている。

宇宙飛行から帰還した後も日常生活に困難を抱える元飛行士は多く、宇宙体験によってトラウマが生じている可能性があり、これもオリンピック選手と状況が似ているという。オリンピック選手も宇宙飛行士も、ともに国の威信を背負い、国家予算をかけて育成される。本番を迎えると人並外れた能力を発揮し、成功すれば、世界中の賞賛を浴びる。ただし、本番が終われば、落差の激しい日常生活に戻らないといけなくなり、将来が見通せない点も酷似している。

吉田知那美選手の「弱さの情報公開」

カーリングのオリンピック日本代表として活躍してきた吉田知那美選手は、「弱さの情報公開」を提唱する一人として知られています。

平昌《ピョンチャン》（韓国）と北京の2度にわたる冬季オリンピックのメダリストとして成功を収める一方、自らの弱さや困難を公にして注目を集めました。

北海道北見市で生まれ育った吉田さんは、中学時代に日本カーリング選手権に出場して一躍有名になりました。高校卒業後、カナダ留学を経て北海道銀行のカーリングチームに入り、２０１４年のソチ（ロシア）五輪の代表選手に選ばれ、5位入賞を果たします。

ところが、その直後にチームから戦力外通告を受け、生きる目標を失うほどの深刻な体験をします。

吉田さんは燃え尽き症候群のような状態になり、銀行を退職。カーリングから離れようと各地を旅して回りましたが、たどり着いたのは、やはりカーリングでした。

恩人はロコ・ソラーレ（北見市）の設立者・本橋麻里選手。「夢をかなえる順番は自分で決めたらいい。このチームではそれでいい」と吉田さんに語り掛けました。

吉田選手はこのとき、「カーリングが人生」ではなく「人生の中にカーリングがある」と発想をガラリと変えることができたといいます。

このチームなら、弱さを見せていい。未完成のままだっていい。

本橋選手はそんな弱さを認めてくれる人でした。


吉田選手が「弱さの情報公開」という言葉を使うようになったのは、こうした体験があったからです。

実際、吉田選手はこのほかにも、選手人生の中で数々の怪我や精神的な障害に直面しました。そして、怪我によるリハビリ期間や競技に対する迷い、心の葛藤などをそのままSNSを通じて語り始めます。

競技の世界では成功や勝利ばかりが注目されがちですが、吉田さんは自分の失敗や挫折、心の動きを率直に公開することにしました。

これが「弱さの情報公開」の実践編です。

臆することなく苦しみをオープンに話す姿勢は、多くの人々の共感を呼びました。ファンやSNSのフォロワーたちは彼女がどれほど多くの努力と犠牲を払ってきたかを共有し、同じように悩む人々を励ます輪が広がったのです。

吉田選手は、自分自身の心を守るためにだけ「情報公開」したのではありませんでした。

弱さを共有することで、互いを支援し合う関係性を熟知していたのです。

吉田さんにそれを教えてくれたのは、「べてるの家」でした。

Column

吉田選手とべてるの家

北海道浦河町にある「べてるの家」は、「当事者研究」の先進例として知られている。べてるの家は、浦河町の地域活動拠点で、精神障がいのある人々が自立し、社会と関わりながら生活するための場。１９８４年に設立され、統合失調症などの精神疾患を抱える人々が、病気や困難を「当事者」として主体的に研究し、支え合う「当事者研究」の場として発展した。

この活動の背景には、「弱さを絆にする」「苦労を宝にする」という理念があり、個人が自分の困難を見つめ、仲間とともにそれを理解し、乗り越えるプロセスを大切にしている。

吉田選手はオリンピックを目指す過程で生じた諸問題に悩み、べてるの家の哲学に助けられ、自分を受け入れる力を得たという。

ここでは、病気を単に克服すべきものとするのではなく、それと向き合い、共に学び合うことで、自分を肯定しつつ新たな視点を得ることを目指している。

このアプローチは、治療の一環ではなく、「研究」として行われることが特徴で、従来の医療モデルとは異なり、当事者の主体性を尊重する。
例えば、統合失調症の幻覚や妄想といった症状も「肯定的に捉える」というユニークな方法が取られ、毎年開催される「幻覚&妄想大会」などもその一例。これにより、症状を恥じるのではなく、むしろ他者と分かち合うことで自己肯定感を高める機会を提供している。

べてるの家の理念によれば、絶望を避けるのではなく、むしろそれを受け入れ、そこから新しい希望を見つけることを可能にするという。そのために、自分の弱さを他者にさらけ出すことでより深い人間関係が築けると考えている。

この考え方は、精神障がいのある人々だけでなく、広く社会に対しても大きな影響を与え、共生社会のあり方を考える上で重要なモデルとなっている。

Chapter 5

©JAXA/NASA

女性の退職・転職論

女性の退職・転職をめぐる問題

まずはじめに、50代男性である私が女性の退職・転職を語ることのおこがましさをお許しください。世間的には、この世代（より上の世代も含めて）の男性が職場でのジェンダー格差を作り出してきた張本人であり、その格差の上にあぐらをかいてきたと言われても仕方がないと感じています。

しかしながら、50歳からの転職を議論する上でどうしても触れなければならないのが、この女性の退職・転職を含めたジェンダー格差の問題であり、この章でさまざまな角度からこの問題に取り組みたいと思います。

第3章で詳しく述べたＤＥ＆Ｉの活動でも、ジェンダー格差解消は常に大きな目標になっています。就職、担当する業務、アンコンシャスバイアスによる担当業務の差別、昇進のトラック、役員に占める割合、どれをとっても完全にジェンダー格差が無いと言える組織は少ないでしょう。

そのせいもあって、一般論として言えば、20代から40代に至る間、女性の方がキャリアに対する決断を迫られることが男性よりも多いと思われます。昭和時代に比べればずいぶん減ったとはいえ、「結婚するの？」「仕事は続けるの？」みたいに身内や周囲から言われることが男性よりはるかに多いでしょう。

女性の退職といえば、60歳定年に伴う退職のほかに、子どもが成長していく過程ごとに子育てに伴う負担が増えて、結果的にキャリアを諦めて退職するケースがありますよね。これは「チャイルドペナルティ」と呼ばれ、女性にとって経済的・社会的に不利な退職といわれています。

結婚や出産は、実際には男女の一大共同事業であるはずなのに、女性の方が決断を迫られがちで、キャリアの断絶を強いられる。いわゆるガラスの天井にぶち当たってしまうのは主に女性です。

しかしながら、そんな不利な職場環境にあっても、管理職としてしっかりと部下を指導し、会社役員として活躍する女性も少なからずいるわけです。ジェンダー格差を乗り越え、ワークライフバランスを保ち、自分なりのキャリア形成に成功した女性たちは本当に強いと思います。

つまり女性の場合、人生のターニングポイントで不利な状況の下で何度も厳しい選択をしてきた方が多いと思います。定年を前に、能動的に職業を選択する経験値は女性の方が上回っているという仮説が十分成り立つと思うんです。

M字カーブ

日本ではメンバーシップ型雇用が一般的である以上、女性が結婚・出産で離職して組織を離れると、その間のキャリアは途絶えてしまい、幹部や役員へと昇進するのが難しいという実情があります。

一定程度の女性たちは何らかの形で復職します。この女性のキャリアの推移をM字カーブと呼びますね。M字のへこんだところが離職した時期に当たります。このへこみを、どれだけ緩やかにできるか。それが女性の地位向上のカギを握るといわれています。

優秀な女性だったら、一度離職しても、戻ってきたら元のトラックに乗せてあげればいいはずなんです。

でも、30歳で離職したとして、35歳くらいまでにほぼほぼ戻ってきたとして、同期の男性が先に課長職に就いていたら、ポストはなくなってしまう。女性の方が男性よりも能力面の評価がもともと高かったとしたら、この人事は女性にとってショックですよね。

しかも、その同期である男性の上司の下で「では新人の教育係をお願いします」なんて言われたら、面白くもない。そもそも能力ある人材なんだから、もったいない話です。

ですから、元のトラックに戻りやすいよう、ベビーシッター制度や有償の家事サービスを使って職場復帰の壁を取り払い、オフィスにいる時間もフレキシブルにできれば、このM字カーブのへこみは緩やかになるはずです。

そうでなくても、働き手は減っている。能力のある人は元のトラックに戻し、活躍してもらう段階にきていると思います。

女性の復職が当たり前の社会を目指そう

チャイルドペナルティをめぐる議論について、欧米と日本の議論の仕方に違いがあり、注意を要すると思っています。それは、結婚観や出産に対する世界観の違いです。

まず、前提としてお話ししておきたいことがあります。

結婚して、子どもを持ち、子どもを育てていくことは、決して特殊なことではなくて、人間として自然な営みだということです。ここが前提であり、出発点です。

私が宇宙飛行士として海外在住生活をしていたのは主にアメリカとロシアですが、どちらもキリスト教的な宗教観が主流です。そういう社会では、結婚・出産はまさに自然な人間の営為であって、人の道として自然なこと。だから、結婚・出産が人のキャリアに悪影響をおよぼすはずがないというのが前提なのです。

こうした宗教観というか世界観からすると、結婚・出産は自然なことですから、宇宙飛行士であろうと、ガソリンスタンドの店員であろうと、政府系機関の職員であろうと、いずれも家庭を作り、子どもを持ち、夫婦で育てていくことは当たり前のこと。

それが阻害されるのは不自然なことですから、自ずと、社会のみんなでカバーしていこうとなるわけです。カバーすることで、結婚・出産をごく自然な形に持っていくのです。

一方、少子化が進む日本では、子どもを産んでくれるのはとても大事なことだから、もう全力で守ろうみたいな感じになる。

けれども、それは出産を自然な営みとして社会が認知していない証のような気がします。何か、特殊なことだと考えてしまっている。

出産はごく自然なことだから、過度な保護対象でもなく、出産後の職場復帰も自然なものであるべきだと受け止めるべきです。

職場の中に、出産して普通に働いている上司が多くなれば、子どもを産んでも女性が職場に戻るのはごく自然なことだ、と周囲は認識できるはずです。

アメリカで暮らし始めたころに驚いたことがありました。女性の出産後の職場復帰が実に早いんです。

無痛分娩が一般的ということもあると思うんですけど、出産した女性が退院するのはだいたい2日後か3日後。その翌週には、赤ちゃんを抱えてショッピングセンターに行ったりするのも珍しくない。

それに、民間の託児所もだいたい生後1カ月くらいから受け入れてくれる。ベビーシッターも盛んです。ですから、出産後1カ月くらいで普通に職場復帰する。労働時間を短縮して、出席する会議も抑えつつ、パートナーの協力もあって乗り切っていく若夫婦が多いように思います。

それは特殊なことじゃなくて、みんなが同じようにしているから、ごく自然なこと。だからこそ、互いに必要なカバーをすることで社会は回っていくと考えているのです。

復職環境は会社がつくり出すもの

このようにみてくると、日本のように「1年間仕事を休ませてください」と言い出すのは、むしろアメリカ社会ではちょっと甘えすぎなんじゃないか、くらいに受け止められてしまうかもしれません。

そう言い出す人はいないわけではないですけど、仕事を続けたい女性は出産したら早く戻ってくる。そちらの方が、よほど自然だと思いますし、そのための環境を最優先で整えるべきなんです。

日本では結局、育休の話になりますよね。育休をちゃんと取るかどうか。男性の場合だと、イクメンみたいなところに光が当たる。

でも、ほとんどの場合、給与が減るから、夫婦同時に育休を取るのは難しい。

本当は、収入が変わらないか、むしろ育児の分だけ増えるべきだし、フレキシブルな勤務スタイルを社会全体で作っていかないといけないはずなのに、復職できる環境を整えないで、休ませることに重きを置いてしまう。

とにかく、子育てをすることが、収入上のペナルティになってはいけないんです。なぜなら、子どもを育てることは自然なことなのですから。

子どもを産んだせいでキャリアが止まるとか、子どもを産んだせいで夫婦ともに収入が減るなんて、この現実こそがおかしい。不自然なことだと思います。

もう一つ、重要なポイントがあります。結婚・出産した女性をサポートして以前と変わらず組織を回していこうとすると、先述のように社会というか組織が自ずとカバーすることが大事なはずです。

隣にたまたまいた同僚に「サポートしてください」と頼むような話ではありません。半径5メートルでカバーしようとしたら、その職場は破綻します。

結果的に、独身の女性がカバーのために倍働くことになったとか、課長が育休中の部下の肩代わりをして営業回りをするとか。そんなことをしていては、ダメなんです。これはチームワークの問題ではなく会社組織の労務問題なのですから。

なのに、小さな職場のチームワークの問題にすり替えるから、「申し訳なくて、とても子どもは2人目を産めない」みたいな話になるのです。

それはおかしい。そんなチームワーク論のせいで、新入社員が出産した先輩のフォローに回って振り回されてしまう。もうやってられませんよ、と本末転倒の話にもなりかねません。

これは、男性も含めての話です。妻が出産した後の男性の子育て時間も大変重要です。そこをチームワークで穴埋めし、まるで職場の美徳にしてしまうようでは、少子化社会は変わらないと思います。

家事・育児を他人がカバーする

私はNASA時代、アメリカのテキサス州で過ごしました。ここでは、ベビーシッターやケアギバー（介護職）は広く受け入れられていました。日本と異なり、まったく知らない人がアルバイト募集に応じて契約し、家の中に入ってくる。これはごく普通のことでした。ハウスクリーニングだけしてくれる人もいますし、住み込みの家政婦もいました。

２００５年7月に私が体験した初めての宇宙飛行ミッションのとき、女性宇宙船船長として一緒になったアイリーン・コリンズは、2児の母親でもありました。

彼女は、家政婦を住み込みで使っていました。パートナーはパイロットで、アイリーン本人は宇宙飛行士ですから、とてもじゃないけど家庭は回っていかない。そこで、家政婦が活躍してくれました。

ベビーシッターなら地元の高校生のアルバイトが定番でした。私の家庭も、この高校生アルバイトに子どもたちの世話を頼んだことがあります。

高校生の親たちから見ても、ベビーシッターは比較的安全なアルバイトで収入も良いので、安心して認めることが多いようです。

質疑応答を行う野口聡一宇宙飛行士とアイリーン・コリンズ船長　©JAXA

この点、ベビーシッターやケアギバーなどに相当する日本のいわゆる家政婦の印象はアメリカと違うでしょうね。

人気のテレビ番組「家政婦は見た！」では家政婦さんが事件に巻き込まれたり、刑事みたいになったりして、アメリカと印象が全然違います。過去には、芸能人のお宅から家政婦が子どもを誘拐したといって大々的に報道されたりしました。

それ以上に、日本の家庭は外国人どころか同じ日本人でも他人が家に入ってくることに心理的抵抗が強すぎます。

想像してみてください。若夫婦に生まれた大事な子どもを、見ず知らずの高校生が毎日やって来て世話してもらうことになりますなんて言い出したら、まず、おじいちゃんとおばあちゃんが許さないでしょう。

「何を言い出すの。あなたは母親でしょ」と責められる。

私の家庭では、まさにアメリカで高校生に子どもたちのケアをしてもらいましたが、日本ではかなわないことだったでしょう。

いや、日本でも時代によって変遷があったというべきかもしれませんね。

半世紀ほど前の昭和時代、私が幼いころといえば、共働きで忙しい家は、親戚などに子どもを里子に出して育ててもらうというのはよくありました。私の同僚にもいましたよ。子どものころ、いとこ夫婦のところで育てられた人が。昔は、それが普通だったんです。

ほかにも、長屋とか団地みたいなところだと、隣近所が近いから「きょうは仕事で帰りが遅いからお隣でお呼ばれしてきて」みたいに親に言われ、お隣に晩御飯を食べに寄ったらそのまま寝ちゃった、なんて普通にありました。

かつての日本には、確かにそういう共同体が地域にあって、支え合っていた。

もし、そういう支えがなくても、若夫婦は親を頼ることができました。親が近くに住んでいれば、親の家に子どもを預ける。あるいは親に来てもらう。それなら、若夫婦に子どもが生まれても、親とか祖父母が面倒をみてくれる。

それがないと、もう若夫婦のどちらかが子どもの面倒をみるという、逃げ道のない袋小路に入ってしまう。結果、男性は会社に取られているから女性が子育てのワンオペを担うしかなくなってしまう。

そこで、もしもアメリカ社会のように家庭内に外部の支援を持ち込めるのなら、ワンオペしなくてもよくなるでしょう。男性は仕事で忙しくても家事ヘルパーを雇ってもらい、女性は悠々と職場復帰できる。

最悪なのは、男性が働きに行ったきりで、託児所やベビーシッターに頼むのはコストが高くて難しい。女性はワンオペしつつ職場に戻れば疲弊してしまうというパターン。日本社会で起きている悪循環なのです。

強制的に勤務を打ち切る仕組み

私が最初にフランスのヨーロッパ宇宙機関に行った20年くらい前の話をここで紹介します。

そこでは、いわゆるマネージャークラスは別なんですが、現場レベルの人は週35時間労働でした。日本は40時間ですから、さほど驚くような労働時間ではありません。でも、本当にびっくりしたんです。

週35時間を超えたら、オフィスの敷地内に居てはいけないんです。「今週の残り時間はあと2時間しかない。それを超えるとペナルティーを取られるから、あと2時間で終わらせようね」と呼び掛け合って、所定の時間にみんなで帰るんです。これって、「労働は罪である」という欧米らしい考えから来てますよね。職場はまるで刑務所だと言わんばかりに。

これを日本も見習ったらいいと思うんです。バリバリ働く優秀な社員であろうと新入社員だろうと、週40時間になったらもうオフィスに居てはいけないことにすればいい。

子育て中なら男女とも、ノー残業にして週40時間で帰れることにしたら、それだけでもだいぶ変わるはず。

本当は、「育児の時間が欲しいので、週20時間でお願いします」と言いたいところです。でも、そうなると給与が半減するだけでは済まなくなる。週20時間未満だと社会保険の加入対象者ではなくなり、キャリアパスとしても大きな打撃を受けることになってしまいます。

ボーナスを含めた諸手当も一気に減ってしまうから、子育ての出費が賄えない。それじゃ困るから、週40時間に縛られてしまい、結果的にフレキシブルな働き方ができないという日本固有の問題に突き当たってしまいます。

皮肉なことに、海外に出よう、という若者のカップルも出てきています。円安の影響もあり、海外だと最低賃金の水準が日本よりはるかに高いのが実情です。英国やオーストラリアなど一部の国はワーキングホリデー制度がありますが、農業などの第一次産業の現場作業や、都市部のサービス業でも日本の会社の管理職より高い給料をもらえてしまう。オフィスに長時間縛られないし、働く時間も柔軟。自然の中で充実した生活を送りたいし、子育てだってそちらの方が理想的。だったら海外の方がいい。

これでは、日本の少子化どころか、海外流出による労働力減少すら招きかねません。ワーキングホリデー制度自体は年齢制限があるのでずっと海外に住むことはできませんが、海外生活の良さを知った若者たちはそのまま労働ビザや永住権を取得して定住することもあるでしょう。まあ、それが自分らしく生きること、ワークライフバランスを実現することにつながるのであれば、本人たちにとって決して悪いことではないわけです。

ジェンダーギャップ論

男女格差を推し量る「ジェンダー・ギャップ指数」について、世界経済フォーラムが毎年発表しています。私は現在、世界経済フォーラムの主任フェローをやっていますので、報告書に大きく絡んでいます。これが出るたびに、日本の大手企業のＣＥＯたちは批判の矢面に立たされていますね。

２０２３年のデータによりますと、参加１４６カ国のうち、日本は１２５位。四つの分野から指標を割り出しています。日本の場合、健康の分野で59位、教育47位、政治１３８位、経済１２３位となっています。

少し解説を加えます。

日本の女性は健康と教育の分野はいいんです。女性の教育レベルは高いし、健康面をみても特定の疾病にかかる割合は低いですから。

ところが、経済と政治が壊滅的に悪い。国会議員は女性1割、ヨーロッパは5割ですからね。もうどうしようもないくらいひどい。このせいで全体の点数が悪くなっているんです。

ですから、国会議員の女性比率を3割まで上げるだけで一気に数字は上がります。4分野の平均ですからね。

ただ、国会議員の女性比率を単純に3割にしたら、日本の政治は良くなるのかどうか。女性のタレント議員を多く出馬・当選させれば、一気にこの数字は上がるわけですが、それが日本人女性の社会参画を向上させると言えるのかは疑問です。

議会に一定の女性枠を設けるクオータ制についても、ヨーロッパでは国会議員レベルで成功している例はあります。

一方で、女性議員の間でクオータ制に反対する声も出ていて、問題を複雑にしています。「長年にわたって一生懸命政治に尽くしてきたのに、数合わせで女性議員を増やすとは何事だ」と反対を唱える女性議員は結構いらっしゃいます。

クオータ制の話は毎回、特に国際女性ビジネス会議などによく取り上げられる議題のひとつで、賛否両論含め活発に議論されています。

経済参画の問題として、役員のクオータ制導入に関しても賛否両論ですね。老人男性ばかりが大半を占める日本企業の役員構成は確かにいびつで問題ですが、数字合わせで少数の女性社外取締役を入れたとしても、実際に経営を動かす権力と責任が伴わないのなら成果は生まれないように思うんです。

私が本質的な問題点だと考えるのは、長年会社に貢献している優秀な人が、性別や国籍などを理由に昇進できないようなグラスシーリング（ガラスの天井）の実態があるということ。

ですから、ジェンダー・ギャップ指数を額面通りに受け取るのではなく、その中身と実態をよくみて、その国や社会を改善させる糸口を丁寧に観察していく必要があると考えています。

順位	国名	値
1	アイスランド	0.912
2	ノルウェー	0.879
3	フィンランド	0.863
4	ニュージーランド	0.856
5	スウェーデン	0.815
6	ドイツ	0.815
	∫	
15	英国	0.792
	∫	
40	フランス	0.756
	∫	
43	アメリカ	0.748
	∫	
105	韓国	0.680
	∫	
107	中国	0.678
	∫	
125	**日本**	**0.647**
126	ヨルダン	0.646
127	インド	0.643

ジェンダー・ギャップ指数（GGI）2023年

・スイスの非営利財団「世界経済フォーラム」が公表。男性に対する女性の割合（女性の数値／男性の数値）を示しており、0が完全不平等、1が完全平等

・日本は146カ国中125位。「教育」と「健康」の値は世界の上位だが「政治」と「経済」が低い

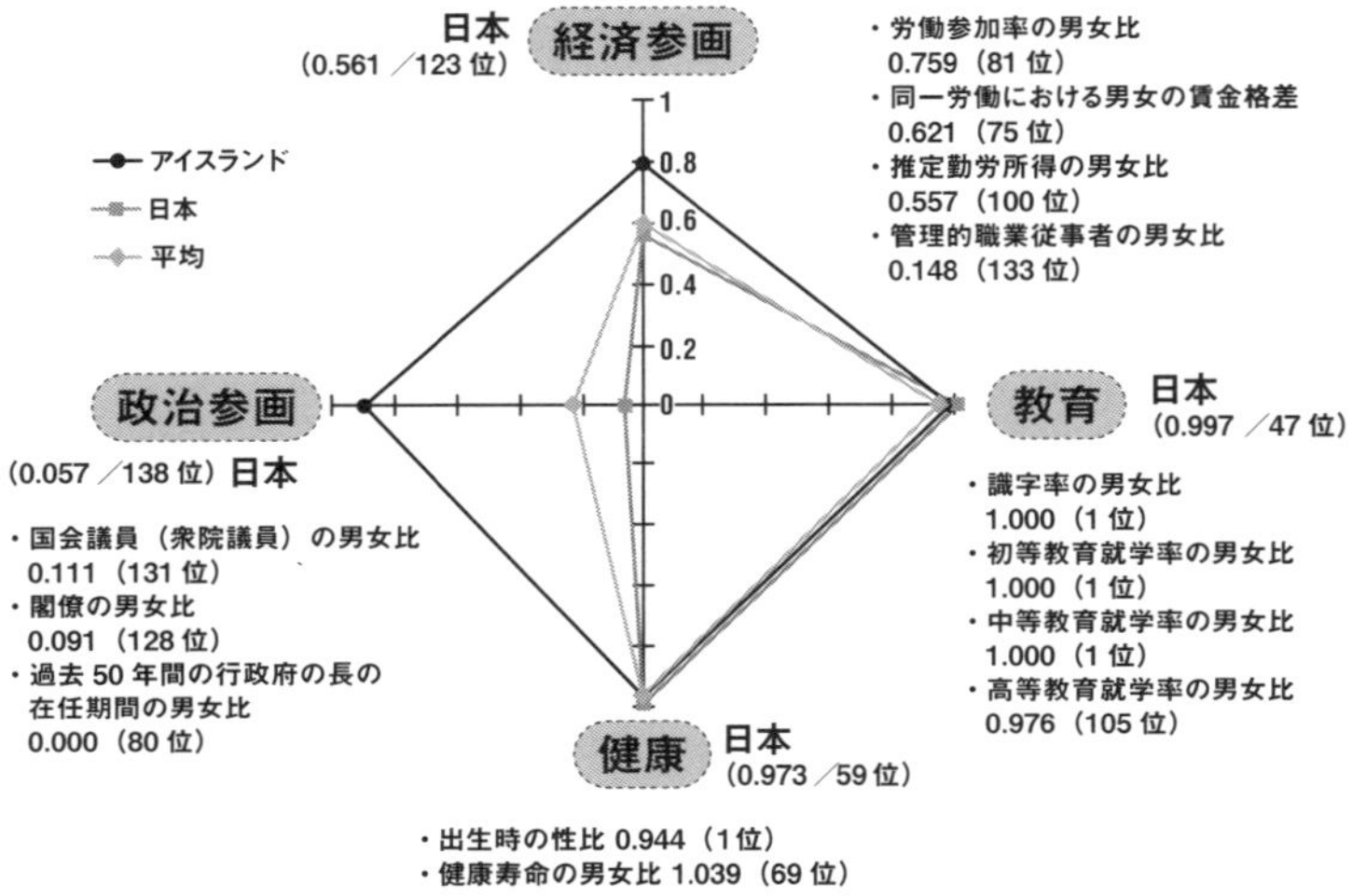

※内閣府（男女共同参画局「男女共同参画に関する国際的な指数　GGI　ジェンダー・ギャップ指数」）をもとに作成
https://www.gender.go.jp/international/int_syogaikoku/int_shihyo/index.html

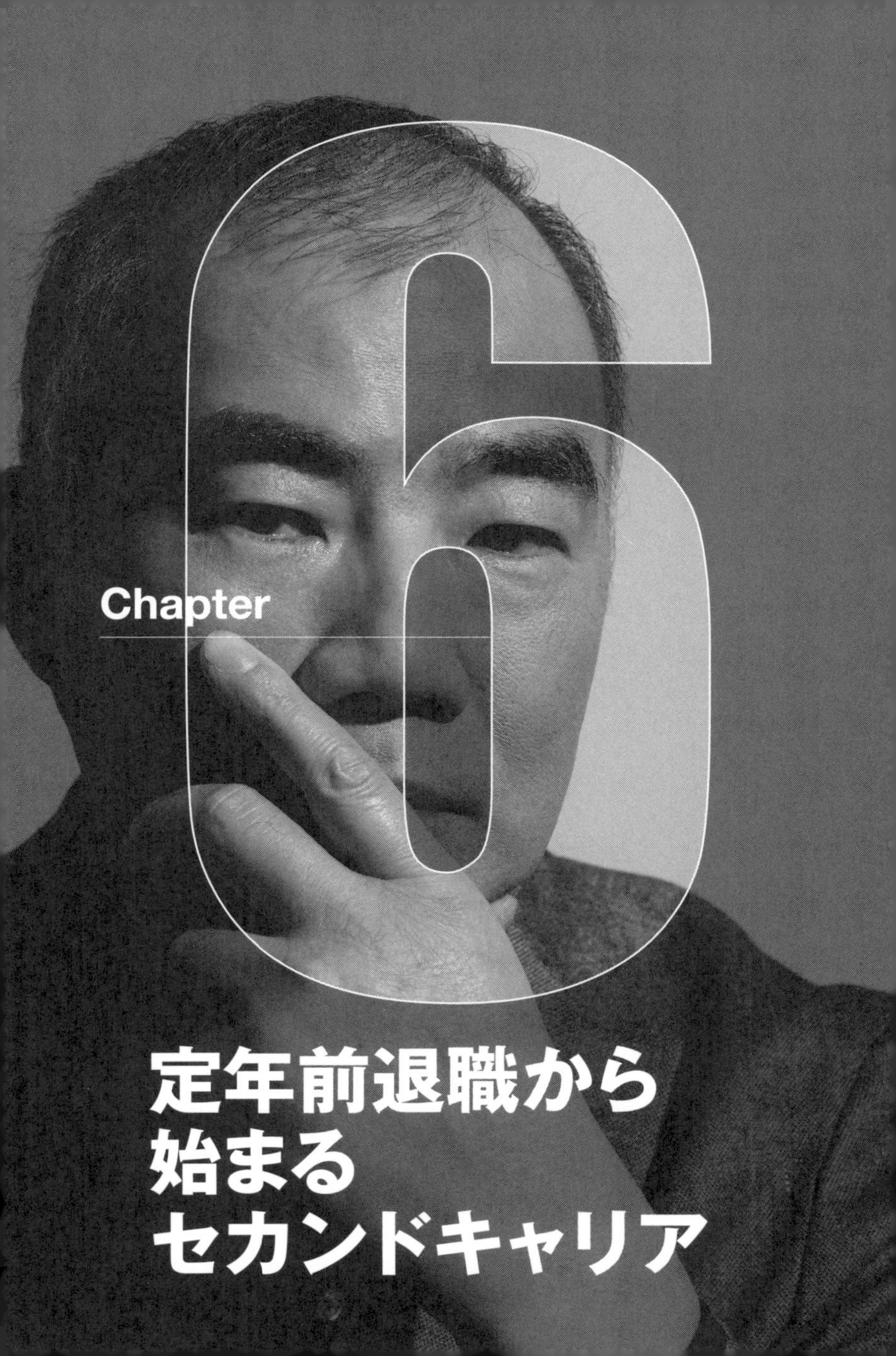

Chapter 6

定年前退職から始まるセカンドキャリア

宇宙飛行士のキャリアに一区切り

この最終章では、私が自ら手がけた棚卸しから、セカンドキャリアを獲得するための具体的な体験についてお話をしていきたいと思います。

振り返ると、私は学生のとき、あるいは社会人になってから、さらには現役の宇宙飛行士時代に至るまで、ずっと先輩・同僚・後輩と自分自身を見比べていたように思うんです。つまり、ずっと社会という「他人」の評価軸のもとに生きていたわけです。宇宙飛行士というレアな職種でもそれは同じです。宇宙という現場は数字の世界。宇宙飛行の回数、船外活動の実績時間、取得した資格の数……常に先輩・同僚・後輩との比較で一喜一憂していました。

それは、「あの人に追いつこう」とか「後輩も伸びてきているから負けないように」みたいな感じで、それ自体、決して悪いことではなかった。

ただ、自分の中に、評価軸がなかったんです。

2回目のフライト後、悩み続けた10年間を経て、私は他の飛行士と比較して一喜一憂するのはもうやめよう、と思えるようになっていました。

そこから、棚卸しに踏み出したんです。

私の場合、ただもう一つ、それまでのキャリアに一区切りを付けようと思えた理由がありましたので、付け加えたいと思います。

先ほど話した通り、宇宙飛行を3度成功させても、評価軸が自分の外にある限り他人との比較からは逃れられない。でも、意外なことに他者との比較という評価軸から離れることができたきっかけも他者からでした。それは、3回目のフライトが終わり、二つのギネス世界記録認定をいただいたことでした。

一つは、「二つの船外活動における最も長いインターバル」の認定です。最初の船外活動はスペースシャトルでフライトしたときの2005年8月3日。その次は、クルードラゴンで飛んで国際宇宙ステーションに長期滞在したときの2021年3月5日。この間、15年214日の月日が流れていました。

もう一つのギネス記録は、三つの異なる宇宙船（スペースシャトル、ソユーズ、クルードラゴン）に搭乗して宇宙から帰還した初の宇宙飛行士。

いずれも「世界初」「世界一」と認めてもらえた。ギネスという、自分にはまったく縁が無いと思っていた世界記録、しかも二つ同時に認定されたことで、自分が納得する仕事をしていれば評価は後から勝手に付いてくる、そしてある程度までのレベルに達すると、細かい数字の差異はもう気にならず、宇宙飛行士としての実績はもう十分で、疑いようがないと自ら確信できることが分かりました。宇宙飛行士としてのキャリアはもうこれでいい、と私は踏ん切りがつきました。

私の棚卸し体験

これまでのキャリアに踏ん切りがついた私は、自分なりの棚卸しに着手しました。いったい自分の中に何があるのかな、と考えたとき、真っ先に思い浮かんだのは、発信力。これはひいき目なしで、強い。そう思ったんです。

私なりに発信力の強さを感じたのは、国際宇宙ステーションで長期滞在中の２０２０年11月に開設したユーチューブチャンネルでした。宇宙から、80本余りを配信しました。企画から撮影、出演まで、ひとり何役もこなし、まさに、ひとり放送局でした。

「宇宙からナマの『宇宙暮らし』発信してます！」をテーマに、国際宇宙ステーションの船内案内や、宇宙食の食レポ中継、宇宙を３６０度見渡せる「キューポラ」から地球の生の姿も４Ｋ映像で配信しました。

「宇宙からのショパン生演奏」の回では、「ユーチューブ　クリエイター　アワード」を受賞しました。

世界中から反響をいただき、チャンネル登録者数は10万人に達しました。

それ以前にも、ＢＳ番組「宇宙ニュース」で1年半にわたってアンカーマンをしたこともあります。

これほど、各種媒体を使って情報発信した宇宙飛行士も珍しいのではないか、と我ながらに思います。

ただ、数撃てば当たるみたいな発信をしたわけではありません。

国際宇宙ステーションからユーチューブで配信したときは、カメラを固定して船内映像を垂れ流しするようなことはしませんでした。

私が発信するユーチューブは、私が伝えたい映像であり、私がこだわったシーンでした。そこに「付加価値」があると思い、とにかくこだわり抜きました。

こうした体験が、ＪＡＸＡを退職した後、さまざまなメディアに登場して発言していくときの礎になっていることは間違いないと思っています。

もう一つ、インパクトのある言葉選びができるようになったと思います。

宇宙飛行士時代、子どもたちを相手に講演会をすると、「分かりやすい」「ワクワクする」といった反響がありました。

宇宙滞在中には当時のTwitter（現X）で上限の１４０文字に入れる言葉を一生懸命、

毎日選んでは発信していました。結構な文章量でしたし、ワードセンスみたいなものも明確に身に付いているな、と感じたものです。

もともと、著作も重ねてきました。最初のフライトの年には、『宇宙日記—ディスカバリー号の15日』(世界文化社)、『スィート・スィート・ホーム』(木楽舎)、『オンリーワンずっと宇宙に行きたかった』(新潮社)という三冊の本を一気に出版しました。その後の著作も含めると、刊行した著書は十冊になります。

こうして、JAXAとNASAの組織人としての日々を送りながら、宇宙飛行士の活動と内面を言葉にして表現する営みを続けてきました。

私は、自分自身の棚卸しによって、他の宇宙飛行士とはちょっと違うスキルが私の中に見つかり、この得意技を使ってセカンドキャリアに踏み出せるのではないかと思ったわけです。

そして人的ネットワークがありました。

26年間同じ組織にずっといた割には、国内外の他業種やビジネス、芸能界などに幅広いネットワークができていました。

対談本でご一緒したシンガーソングライターの矢野顕子さんとは、アルバム『君に会いたいんだ、とても』（ビクター）をコラボ制作し、私が作詞を担当しています。

これも、宇宙飛行士らしからぬスキルと言えるかもしれませんね。

思うに、こうした人脈は、自由に泳がせてくれたJAXAのおかげ、と言えるのかもしれません。在籍中は、窮屈な組織だなぁという思いばかりでしたが、結果的にこんなネットワークの広がりができていました。そこは、非常に感謝しています。

いずれにしても、50代に入ったら、60歳以降の長い人生を見据えた上で、まずは棚卸しをしてみましょう。

それまでの社会人経験をベースに、「自分はどうなりたい？」「どんな仕事をやってみたい？」と自問自答するところから出発してみる。

そして、「これって、使えるスキルかも」と得意技を見つけ出す。

50代なんですから、そろそろ自分で自分をプロデュースしてもいい時期なんです。

方向性が見えてきたところで、その準備段階として退職があり、その先にやってみたい仕事があれば、転職する。あくまでも、退職自体が目的ではなく、自己実現のための手段であることをここで強調しておきたいと思います。

お金の棚卸しも大事

自分の棚卸しを進めていく中で、極めて現実的な問題を突き付けられる場面がありま す。

それは、お金です。

将来の収入に不安があると、なかなか退職に踏み出せないものですよね。

ところが、心配する割には、自分の資産総額のことも、予想される退職金や年金も、実際には把握していない方が多いはず。

実は、私自身も50代後半に差しかかるまで、資産総額について考えることがほとんどなくて、銀行預金を確認する程度でした。

年金に至っては、まったく視野になかった。これだけ年金問題がニュースになっても、自分の年金は実際いくらになるのか、知らなかったんです。

私自身も甘かったんですが、本当に辞めると決めてから、退職金の計算法とか予想される退職金額を理解したというレベルでした。

将来のお金に不安を抱いているのに、そこをちゃんと数値化して、客観的にみようとしないようでは、前に進めませんね。

私がお勧めするのは、ファイナンシャルプランナーなどに相談し、自分の資産について正確な棚卸しをすることです。それが退職・転職を考える上での前提になります。ここは声を大きくして強調しておきたいと思います。

そうしておけば、退職・転職したら安定した収入が得られなくて心配だなぁ—という漠然とした不安感を払しょくする糸口が見つかるはずですし、もっといえば、収入アップや収入の持続可能性を狙って転職しようという前向きな姿勢にチェンジできるかもしれません。

不安を解消する人生設計

私は、関係する企業に対し、宇宙事業のリスクマネジメントについて話をすることが多いんですが、そこでは、安全と安心が大きなテーマになってきます。これは、工学的な方法で突き詰めていくことができます。

安全とは、限りなく無事故に近づけるようリスクを極小化すべく対処することを言います。一方、安心は不安の裏返しなので、リスク評価が必要になります。

どういうことかと言えば、非論理的なリスクや明文化されていないリスクがあった場合、そこに恐怖が加わることによって状況は悪化し、安心の確保は難しくなっていきます。

例えば、定年後の生活費に一人2000万円の貯蓄が必要だとか、重篤な病気にかかったらどうしようとか、親が介護状態になったらどうしようとか、いずれも明確な根拠が示されていないときを想定してみましょう。

仮に、実家の親が先週入院したらしいという話が飛び込んできたとします。詳細を把握せず、本当はほどなく退院できて元の生活に戻れるかもしれないのに、非論理的なリスク評価が先行してしまうと、「このまま寝たきりになったらどうしよう」「せっかくためた自分の将来資金も親の介護に回さないと」などと恐怖を感じ始め、一気に不安が増幅します。

こうなると、どうしても自分を守ろうという自己保存に集中してしまい、最も短絡的で安全な選択肢に行きがちなんです。

すなわち、退職・転職によって職場環境を変えると不確実性を伴いますから、そちらの選択肢をなかなか選べなくなるんです。

毎日毎日、今の会社に行くのが嫌でたまらないけれど、毎月25日になれば決まったお金がもらえる。辞めてしまうとこの金額すらもらえないかもしれない、それだけは嫌だな、と思ってしまうと、人は必ず短絡的に現状維持に固執する。

結局、親の病状を正確に把握し、退院後のケアにかかる費用と介護保険制度による公的支援もろくに把握しないで、あたふたと慌てているだけなのです。

そうなると、過剰な不安に駆られ、このままでは決して幸せになれないと分かっているのに、失敗を恐れて挑戦をやめてしまうわけです。

退職前、「安定した収入がなくなる」という不満・不安が生まれるのはもっともなんです。

ですが、漠然とした不安に駆られてはいけない。

そこはちゃんと自分の目の前に数字を出して、自分に言い聞かせた方がいい。

だいたい、今の現役時代の給与なんて、せいぜい数年しかもらえない。定年延長後の激減する収入を直視してみてください。

中高年になれば、会社に居続けることによってどんどんやる気がそがれ、健康状態も悪くなるでしょう。前向きな気持ちをどんどん削られることによって生じる機会損失を目の前に並べたとき、それでもあなたは今の場所に居続けますか。

それとも、いったん人生をリセットして会社を辞めてみる。定額の収入はなくなるけれども、自分の健康状態、気持ちのあり方、働き方の状態、縛られない生き方といったところでプラスの数字が出てこないか。

数字に出てくる収入だけでなく、職場環境や生きがいなど数字にならない条件をすべて可視化してみる。そのうえで、収入が足りないなら違う収入が得られる方法がないかを探りながら、前に進む。

それこそが、人生設計なのです。

ファイナンシャルプランナーとの出会い

お金に関して、私は何人ものファイナンシャルプランナーと会いました。

会社を通じて紹介されるファイナンシャルプランナーの場合、「エクセル表に、予想される支出額と年金額を書いて埋めておいてください」くらいのアドバイスで終わってしまうものです。その程度だと、そのときは分かった気になるんだけれども、実際には使いものにならない。

やはり個人的に相談に乗ってもらい、対面で話すと、異なるさまざまな観点からアドバイスを受けられます。

話すことが大事なんですよね。ファイナンシャルプランナーって、人によっては得意分野が違いますから、いろんな人と話すことによって得られるアドバイスは多角的になってきます。

例えば、公的年金は原則として65歳受給開始ですが、75歳までの繰り下げも可能です。ファイナンシャルプランナーと一緒に受給時期をシミュレーションしながら、「70歳まで繰り下げると受取額が割り増しになります。だったら、その年齢まで働いちゃいます?」というアドバイスがあるかもしれません。そうしたら、もう少し息の長い仕事を探してみるか、みたいにセカンドキャリアの戦略も変わってくるかもしれませんね。

そうは分かっていても、人に相談するって、はばかられるものです。

自分の給与やボーナスの金額を含めて正確な年収を打ち明けるなんて、恥ずかしいことですもんね。

でも、ひとりで孤独にエクセルに打ち込むだけでは、ダメなんです。

人と話していると、別の効能もあるんですよ。プランナー相手に自分の資産内容を説明していると、実は、自分で自分に説明を言い聞かせるというループ効果があるんです。

話しているうちに「あ、分かった」みたいな発見がある。そこがすごく大事。ですから、ぜひプランナーに相談する機会をつくってみてください。

ハローワークとアイデンティティ

私は、JAXAを退職した後、雇用保険の手続きのためハローワークを初めて訪れました。

このとき、所属する組織がなくなったときの不安定さをしみじみと味わいました。組織を離れ、「自分は何者なのか」と真剣に問われている。ハローワークの体験を通じて、そう感じたのです。

だって、それまでは、初対面の人に「株式会社○○、△△課の野口でございます」とあいさつするでしょ、ごく当たり前のように。

ところが、もう今の仕事を辞めちゃったんですから、ハローワークの窓口の方に肩書きで説明するわけにもいかない。

それまでの肩書きを使えない状況下で、自分で自分をどう表現するか。

それって、棚卸しをして自分のスキルを見極め、どんな仕事に就くことが可能なのか、あらかじめ用意しておかないと説明できないわけです。

いや、前の会社に心の底からプライドを持っている人は、退職しても、そこの肩書きを使っている人もいますね。

ＪＡＸＡ出身者には結構多いです。「元ＪＡＸＡの野口です」みたいな。

でも、それで再就職が思うようにできるのか、どうか…。

私の場合は、ＪＡＸＡを退職した後になって初めてハローワークに行きましたが、もっと早めに行く手もあったと思います。定年前に退職するからには、転職すると決めて、ハローワークに行ってみる。

いまなら、仕事探しの第一歩は転職サイトなのでしょうね。

いずれにしても、今の会社にいながらにして、仕事探しをすると、「あなたのスキルはなんですか」と問われる。これに答えるのは、結構大変です。

まさに、疑似的な失業体験になると思います。

「私は事務職なので、手に職が付いているわけではないし……」と卑下する人もいます。

でも、中高年って、もっと自信を持っていいと思うんです。

「私は経理しかできなくて」じゃなくて、「30年積み重ねた経理畑の蓄積がある」と評価軸を変えてみる。

経理担当として間違いなく力があり、新人が来たらちゃんと教えられるくらいの能力もある。

だから、まったく卑下する必要はない。そこに自信を持てたら、それを自分のスキルとして見いだし、仕事探しにおいて自分のアイデンティティとして大事に持っておくといいと思います。

複数の仕事に関わる

定年前退職を考えるとき、転職先を探すに当たって、どこか1社に就職するケースは選択肢として多いと思います。この場合、会社Aから会社Bへと勤め先を変えるだけですから、帰属欲求は間違いなく満たされます。属する組織が変わるだけですから。

一方、私は一カ所だけに定住するという安定性よりも、いろいろな企業や団体のアドバイザーや顧問として契約を結ばせていただき、複数の仕事に関わりながら自分のやりたいことをフレキシブルに追求する道を選びました。

ダイナミックにキャリアを選んでいけるという意味では、複数の職場と関係を持つことは、ありだと思うんです。

転職は目的じゃなくて手段です。やりたい仕事をどこで実現できるかがポイントですから、1社でもいいし、複数になることもある。

ただ、何十年も働いた職場から別の職場へと働く環境は大きく変わります。

不安をより少なくするなら、会社Aから会社Bに行くだけの方が間違いないと思います。

もともと私は、若いころから、宇宙飛行士になろうとひとつのことを掘り下げていくみたいな人生を送ってきました。

中高年になって、いろんなことに興味を持ち、携わるようになりました。これは、後天的な変化であり、多分、年齢的なものがあると思います。

若いうちは、自分のやりたいことを追い求めることで、やる気やモチベーションが維持されます。

「物書きとして世界一になりたい」とか「野球選手として世界一になりたい」とか、一カ所を掘り下げ、極めたいというイメージです。

さらに言えば、自分が成長しているなぁという自覚から来るモチベーションアップもあります。

人間は社会的動物なので、他人の目に映った自分を見て自分の姿を確認している。チームの構成員として仲間に認められ、上司の部長から褒められることで承認欲求が満たされ、成長につながっていく。若いうちはこれが大事なんです。

ところが、年齢をある程度重ねてくると、集団の中の自分が大事になってくる。いろんな人との接点の中で、自分の場所を確認していく。そういうことができるようになれば、自分の強みになるはずです。

複数の働き場所があると、いわゆるシナジーが生まれますよね。出会い、交流、新しいネットワークから違う可能性を開いていくことが好きな人は、自然にオープンな人間関係をつくっていけるでしょうから、複数の場を持つことは有効だと思います。

理想的な職場環境

結局、人間の悩みって半径5メートルの範囲内で起きているわけです。

その範囲内でうまくいけば、人間は不満にならない。

理想的な職場とは、上司が部下の役割や期待している業務内容を明確に示し、部下が納得できる職場なんだろうと思います。

そのために、会社を挙げて環境整備をする必要があります。

D E & I を取り上げたときに話した心理的安全性のことです。

社員が職場の半径5メートル内において、安心してそこに居られることが何よりも大事なんです。

逆に、「こんなこと言うとバカと思われるんじゃないかな」「これを言うとネガティブなやつと嫌われないかな」みたいに思わせる職場は、社員が職場に受容されていないと感じますから、心理的安全性を担保しません。

理想とは程遠い、多様性が生きてこない職場環境です。

もう一つ、理想的な職場環境を語るときに大事なポイントがあります。

せっかく才能を持って転職したのですから、その才能の鋭さを摩滅させない職場が理想的といえます。

転職してきた中途入社の人は、以前の会社で培ったスキルに魅力があったからこそ採用してもらったのに、入って1年2年経つと、誰よりも転職先の会社の人っぽくなっちゃう。そんな話をよく聞くんです。

「めっちゃ馴染んでます」なんて流行りのCM、ありますね。馴染む方が心理的安全性という意味ではいいのかもしれないですけど、それでは転職してきた意味が失われます。

そういう意味では、転職して新しい職場に入る人と、大学を出て初めて就職する新入社員は、実は同じなんだろうと思うんです。

新入社員の場合、周りに知らない人たちがたくさんいて、自分でもよく分からない状態のところから始まりますよね。それはまるで小さな多様性社会に入っていくようなものかもしれません。

多様性社会なら、主流派がいて、異質な人をどう受け入れていくかという話になります。

でも、日本の場合、多様性を受容する職場環境はあまり整っていないでしょうから、新人君にしても、転職してやってきた人にしても、自分が尖った存在であればあるほど、既存の組織に受け入れられるのは大変だと思うんです。

卒業したての新入社員だったら、尖った部分を自分で削り落として同化していこうとしますね。大学時代に所属したサークルでの活動とか、持っていた趣味とか、そういう趣向性を消し去って、早く大人の社会に合わせようとする。これは、転職者にも当てはまる現象です。

何か尖っているものを、受け入れる側も入ってきた側も大事にして、それぞれが違った強みを持ちつつ、方向性を合わせていく。それが多分良い形の多様性であり、公正な受容性のあり方じゃないかと思います。

新しく組織に加わった人は、新しい環境、会社、集団で自分のポジション探しをするために、この人はどういう人かって見るところから始まると思う。

そこはすごく大事なんだけど、相手に合わせることが目的ではないはず。

周りに合わせて自分を変えるよりは、それに対して自分はこういう人なんだ、とちょっとずつ出していって、すり合わせをしていく。

だから、転職して新しい集団に入ったからといって、無理に慌てて馴染む必要はない。それが、理想的な職場環境のありようであり、理想とするチームビルディングなんだろうと思います。誤解を恐れずにいうと、この世に理想の転職先なんてものはなく、転職先を理想的な職場環境に変えていく努力こそが大事だということではないでしょうか。

Column

チームビルディングモデル

多様な才能を生かす職場を作り出すには、所属するメンバーが自らの力を最大限に発揮しつつ目標を達成できるような優れたチームビルディングを行う必要がある。

その指針となるのが、タックマンモデルと呼ばれるもの。アメリカの心理学者ブルース・タックマンが１９６５年に提唱した概念で、当初は４段階だったが現在は５段階が設定されている。

最初は「フォーミング（形成期）」。

メンバーを知る段階で、とりあえず顔と名前が一致するようにしてもらうため、リーダーが主導してパーティやボードゲームなどをするのがアメリカ流。日本の場合、顔合わせと称した「飲みュニケーション」もある。

第２段階は「ストーミング（混乱期）」。

対立の時期といわれ、お互いに否定し合い、批判し合う。ここが日本では鬼門とされる段階。日本人は相手に嫌われたくないし、グループ内の対立も表面化を避けたがる。しかし、アメリカ流の集団作りでは、顔を見知った後、一度は互いの「差」を際立たせる時間が必要だと考えられており、このプロセスは欠かせない。

第3段階は「ノーミング（統一期）」。

ストーミングの段階で対立関係を際立たせた後、「どうすれば互いに妥協できるか？」を探り、目標に向かってチームが統一されていく過程。ここで全員が同じ方向を向いて進み始めることになる。

ここまでを整理してみると、お互いのどこが一緒なのかを見るのがフォーミングで、どこが違うかを限界まで明らかにするのがストーミング。その段階を終えると、リーダー主導型からボトムアップ型に変わり、フォロワーである部下から積極的に声が上がるようになる。ノーミング段階ではリーダーは交通整理の役割を果たし、意見の合わないメンバーが「本来の私の考えと違いますが、このチームのやり方は正しいので全体の方針に従います」と心から言えたら、成功となる。

集団作りの完成形が、実際にチームで成果を出せるようになる「パフォーミング（機能期)」という4番目の段階。

そして最終段階にあたる第5段階は「アジョーニング(散会期)」で、ここではもうリーダー、フォロワーの違いはなく、必要なスキルと経験を身に付けたメンバーが必要なフィードバックを行って次の組織づくりに旅立っていくことになる。

宇宙飛行士の世界も、いろいろな資質、経験、価値観を持った人が集まる多様な社会であり、イエスマンの集まりではなく、リーダーの方針に忖度や遠慮をせずに建設的な批判や意見を返していくことが極めて重要になっている。

目の前の川を飛び越える

ＮＡＳＡにいるとき、チームビルディングの研修クラスでこんなフレーズを聞きました。

How do you eat an elephant?-One bite at a time.

「おっきな象はどうやって食べるの？」という意味。食べ方としては、ちっちゃく切って食べるしかない。つまり、大きな課題はそのままでは対応できないので、小さくして一つ一つ解決していく。クラスター化して一つ一つ処理していく考え方で、課題解決の手法として宇宙飛行士の世界ではよく知られています。

では、こうした手法が、定年前退職↓転職という一大プロジェクトに使えるかどうかとなると、ちょっと首をかしげてしまいます。

一人ひとりの個性とかキャリア志向が千差万別ですから、全員に共通する万能な転職マニュアルは実際にはなくて、定年前退職に至るプロセスを細分化してみたところで、ゴールにはたどり着けないような気がします。

一番大変なのは、「よし、ここで退職して、職を変えてみよう」と心に決めるところ。そこさえ踏み切ることができれば、あとは家族を説得し、転職作業。その辺りは本当に機械的にポンポンと行くものです。

私自身、ＪＡＸＡを辞めると心に決めるまでが大変でした。いったん決断したら、トントン拍子。上司とトップの理事長まで退職届を持っていきましたが、なんか拍子抜けするぐらい、あっさりと受理されました。後日談で、内部では大変だったと聞きましたが……。

まぁ、宇宙飛行士ですらこうして簡単に替えが利くわけで、ほとんどの仕事は替えが利く。総理大臣や大統領ですらあっさり替わる時代です。

だから、ほとんどの仕事は心配することもなく替えが利きます。だから、そこは悩む必要がない。今の職場の人に迷惑が……みたいなのは退職届を出したその日だけであって、その次の日から何もなかったように組織は動いていく。

それなら、自分がやりたいことをやった方が、いいじゃないですか。

思い返してみると、そもそもサラリーマンから宇宙飛行士になろうとしたときだって、いろいろ不安がありました。宇宙飛行士になると生活環境も変わるし、宇宙飛行は危険だし、いろいろと窮屈らしいし、家族や同僚から何言われるかわからないし。

もし、そのような不安に押しつぶされて挑戦を躊躇していたら、いまの「宇宙飛行士・野口聡一」は無かったわけです。

宇宙に挑戦することを諦めれば危険はなくなるけれど「宇宙に行って地球を見たい」という夢をかなえる機会も永遠に失われるわけです。

宇宙だけの話ではありません。新しい挑戦にはリスクがあるけれど、その先に夢の実現が待っている。挑戦を避ければリスクはなくなるけど夢も消える。

だったら、どっちを選びますか？

そこで決断をするわけです。

決断には必ずリスクがある。それを減らそう、減らそうってのはリスクヘッジですけど、決断するからには、必ずリスクは取らなきゃいけない。その取るリスクの量と、動かなかったことで失ったベネフィット（利益）の比較をちゃんとしなければいけない。

危ないかもしれないけれど、目の前の川を、飛び越えてみる。

その先に、あなたの望む新たな景色が見えてくるはずなのですから。

定年前退職した今、社会課題に真っ向から向き合う

定年前退職した私は、複数の仕事を掛け持ちしながら自分のやりたいことを実現していますが、その中でも活動の中心になっている舞台があります。それは国際社会経済研究所（ＩＩＳＥ）におけるソートリーダーシップ（Thought Leadership、以下ＴＬ）活動です。このＴＬ活動、まだ日本ではなじみが薄いと思うので、少し活動の様子を紹介させてください。

ＩＩＳＥは、ＮＥＣグループの独立シンクタンクですが、「世界の知の集積で未来の社会価値創りを牽引する」を活動の理念としています。その一環としてさまざまな社会課題の解決に向けて自らの考え（ソート）を社会に広く発信し、共感する仲間を集めて実現を目指そうとしているのです。アメリカでは企業理念と社会貢献のあり方を模索する活動がいろいろ行われていますが、このＴＬ活動は、革新的な考えを世の中に提示し、共感により新しい顧客や市場を創造する手法として高く評価されているんです。

実際に取り組んでいるのは主に「地球環境の保護」と「新しい宇宙経済圏の構築」です。簡単にこの二つの活動についても紹介しておきますね。

昨今さかんにメディアでも取り上げられている通り、二酸化炭素などの温室効果ガスの放出により気温上昇などの気候変動が起きて、我々の生活にも深刻な影響が表れています。みなさんも、強烈な夏の猛暑、過去に例がない集中豪雨など具体的な被害を経験されているでしょう。特に異常気象による自然災害の急増は市民生活、企業活動の両方にとって極めて深刻です。ですので、日本が伝統的に得意とする最新技術を駆使して、より自然に優しい循環型社会を創っていくことは非常に意味がある活動だと思います。

もう一つの宇宙経済圏。民間宇宙企業が急速に発展しているおかげで、宇宙経済はこれまでにないハイペースで成長しています。そして宇宙産業が与えてくれる進歩は宇宙だけでなく地上でも、というより地上の我々の生活こそが恩恵を受けると言えるでしょう。だからこそ、新しい時代の宇宙は、メーカーや研究所だけでなく、金融や保険、はては農業や水産業まで取り込んで、皆にとって役に立つ「宇宙経済圏」を創り出さないといけないと感じています。

このテーマでは、IISEだけでなく世界経済フォーラム（ダボス会議を主宰する世界的な非営利国際機関）との協調もとっても大事です。私は、宇宙飛行士としては世界で初めて世界経済フォーラムの主任フェローになりましたが、「地球環境の保護」と「新しい宇宙経済圏の構築」をクロスして、そのシナジーを生かした活動ができるのです。

実は、私は現役の宇宙飛行士のころに悩んでいたことがありました。有人宇宙活動の成果を理解していただくためにいろいろな広報活動に取り組んでいた中で「人類の未来、明るい未来のために頑張っています」「宇宙開発こそが未来を開くんです」みたいなことを言うわけですが、実際の我々の活動はと言えば、国際宇宙ステーションに行くための準備だったり、ロボットアームの操縦だったり、ロケットのスイッチを押す順番をひたすら覚えたりするみたいなことばかりでした。機械を動かしているだけで、実際に地球のためにいいことなんて何もしてないじゃないか――。そんな自責の念がすごくありました。

ですから、IISEでのTL活動や、世界の賢人たちが集結するダボス会議で地球環境問題を真っ向から議論できたり、最新の脱炭素技術の開発に携わったりできるのは、実にやりがいがあります。

いまの仕事をしていて痛感することがひとつあります。それは、イノベーションを大事にする組織では、尖った個性が極めて大事で、平均点は低くてもグッと伸びる部分がある人がうまく機能していくことで、組織としてのブレイクスルーを図っていく、ということです。

そういう組織にはまさしく多様性があり、課題に応じて尖ったものがバシッとはまったとき、グッと組織全体、ひいては社会全体をより良い方向に伸ばしていける可能性が開けるのです。

私がセカンドキャリアとして選んだ仕事は、宇宙が与える影響が宇宙そのものを超えて我々の未来を照らしてくれる、そんなワクワクを感じさせてくれる世界だったんです。

50歳からはじめる定年前退職

この本は、50代という人生の折り返し点で悩んでいる人たちに向けて、「定年前退職」という決断・転機を通して自己実現してもらおうと思って書きました。

収入・モチベーション・アイデンティティの「三重沈下」に悩む中高年が多いこの時代に、会社人生が終わりに近づいてもそこから本当のライフプランが始まる、というのが最初の気付きです。チャンスも能力もあるのに、転職に踏み切れず50代を無為に過ごしてしまうのはもったいない。真面目に社会人として勤めてきた人たちには間違いなくそれぞれ独自のスキルがあり、その眠っているスキルには自分でも分かっていないほどの市場価値があるかもしれないのです。会社員時代のビジネススキル×地元のネットワークでビジネスチャンス、専門知識×伝えたい熱意×コトバの力で圧倒的な発信力の実現、など、新しいシナジーが自己実現、肯定感、さらに幸福感につながるはずだ、ということを感じ取っていただけたら嬉しいです。

書き始めるときに決めていたことがひとつあります。それは前職場であったＪＡＸＡの悪口はできるだけ書かないということです。宇宙飛行士も人の子ですから、そりゃいろいろ前職場に不満はありました。上司との人間関係でも悩んでいたし、その中のいくつかのエピソードは本書でも触れています。きれいごとを言っても、転職するということは前職場での業務、人間関係を断ち切るわけですから、相当の理由、決断があるのは否定できません。でも、当時の私を悩ませていた他者との比較にしても人間関係にしても、いま思い返すと悪かったのはＪＡＸＡという組織ではなく、そこに悶々と留まっていた自分自身だったのかなと思います。

そして、場の支配力、同調圧力、メンバーシップ型雇用に起因する労働諸問題は、ＪＡＸＡだけでなく日本的な組織の至るところで見られる普遍的な病理といってよいでしょう。50代というミッドライフ・クライシスに直面したとき、いったん「タイムアウト」して煮詰まった人生から離れるのが効果的なことは本文でも書きましたが、まがりなりにもそれを可能にさせてくれたＪＡＸＡは、むしろありがたい職場だったと言えるのかもしれません。

日本の職場という底知れぬ引力（場の支配力、同調圧力、現状維持バイアスなど）からいったん距離を置けたからこそ、「自分の評価軸を見つめなおす」、「棚卸しをする」、「自分の得意技を探す」という人生の大事な3ステップに出会えたと言えるでしょう。

ちょっとおこがましい言い方かもしれませんが、独立してからの私の強い能力は、アメリカ・ヨーロッパ・ロシア・中東を相手にしてきた国際調整能力と、熱意と語彙力に裏打ちされた理系らしからぬ（笑）発信力と、政・官・学・ビジネス・マスコミにわたる人的ネットワークだと自負しています。でもこれらは自分一人で習得できたものではなく、JAXAが私を自由に泳がせてくれていたことの証でもあり、この点もJAXAに感謝しています。

それでも踏み切れないあなたへ

転職とは、不満はあるけど安定している今の職場を離れて知らない環境に飛び込むことです。誰だって、未知の世界に踏み出すのは怖いし、リスクがあるならそれを避けようとするのは当然です。だからこそ、決断する前にメリットとデメリットを一生懸命並べて評価しようとします。

でも、宇宙飛行を経験してひとつ分かったことは、人は恐れを感じていると冷静な判断ができない、というかリスクを過大評価して短絡的に安全な選択肢、つまり現状維持に固執しがちということです。いうまでもなく変化には不確実性が伴いますが、その不確実性に必要以上に恐れを感じてしまうと現状維持バイアスがかかってしまう。変わりたい気持ちが高まるほど、現状を保存したい気持ちも強くなるという自己矛盾が生じてしまうのです。安定した収入を失うことを恐れて退屈でやりがいのない仕事を継続したり、一人になることを恐れて幸せにはなれない人間関係を維持したり、失敗を恐れるあまりデメリットを並べ立てて挑戦を諦めることで安心してしまうのは、変化を恐れる現状維持バイアスがあるからでしょう。

あなたが新しい可能性に踏み出せないのは、あなた自身の心がブレーキをかけているからなんです。そんなあなたに、次の言葉を贈ります。

A ship is safe in the harbor, but that is not what ships are built for.

—John A. Shedd

港に居る船は安全だ。しかし、それは船が造られた目的では無い。

19世紀のアメリカ人作家、ジョン・シェッドの言葉

リスクを恐れて港に留まっていれば確かに安全ではありますが、それでは船を造った意味がありません。いつか勇気を振り絞って大海原に漕ぎ出して、数々の困難に立ち向かいつつも海を渡って目的地に着くからこそ船の意味があるのです。

今のあなたは、いつか漕ぎ出すために虎視眈々と機会を狙っているのか、それとも港に停泊していることで満足して動けないのか、どちらですか?

自分に眠る可能性に目を向けて、空になってしまった「やる気」タンクにもう一度燃料を詰めて、まだ見ぬ自分だけの「新宇宙」に飛び出していきましょう!

最後になりますが、本書の執筆にあたり多大なるご協力を頂いた垂見和磨様、主婦の友社ライフスタイル企画部の氏家菜津美様に深く御礼申し上げます。そして3回の宇宙飛行、退職、独立を通して私のわがままを聞いてくれて、ずっと支えてくれている私の家族に、あらためて深く感謝します。（終）

A ship is safe in the harbor,
but that is not what ships
are built for. -John A. Shedd

港に居る船は安全だ。
しかし、それは船が造られた目的では無い。

-19世紀のアメリカ人作家、ジョン・シェッドの言葉

【 WEB 】

「野口聡一氏×髙野芳行が考える「多様性のあるチームの作り方」」

（Rakuten Optimism、2023 年）

https://rakuten.today/blog-ja/rakuten-optimism-diversity-2023-j.html?lang=ja

JAXA ウェブサイト

https://humans-in-space.jaxa.jp/space-job/astronaut/noguchi-soichi/

【 その他 】

『IHI 社内報』2024 年 11 月号

「IHI グループの成長のカギをにぎるDE&Iを、「自分事にする」ための特集です。」

参考文献

【書籍】

『宇宙飛行士　野口聡一の全仕事術』
（野口聡一、世界文化社、2021 年）

『どう生きるか　つらかったときの話をしよう』
（野口聡一、アスコム、2023 年）

『弱さの情報公開 ―つなぐ―』
（向谷地生良、吉田知那美、松本俊彦、繁田雅弘、
内門大丈、芦田彩、最首悟、辻信一、向谷地宣明、
内田梓、くんぷる、2023 年）

『なんで会社辞めたんですか?』
（野口聡一、角幡唯介、後藤達也、佐久間宣行、
竹中平蔵、安田秀一、講談社、2023 年）

【雑誌】

『BRUTUS』マガジンハウス、2023 年 10 月 15 日号
「多様性時代のコミュニケーション術」

『BAILA』集英社、2024 年 5 月号
**「元 JAXA 宇宙飛行士野口聡一さんに聞く。
2024 年の今、宇宙ってどうなってますか?」**

『星の商人』伊藤忠商事、2023 年 vol.15
「この星のインタビュー　多様性社会と自然資本」

野口 聡一（のぐち そういち）

1965 年生まれ。東京大学大学院修了。IHI 入社後、1996 年から NASDA（現 JAXA）の宇宙飛行士候補者に選抜。3 回の宇宙飛行に成功し、15 年間で船外活動 4 回、世界で初めて 3 通りの方法（滑走路、地面着陸、水面着陸）で帰還したとして、ギネス記録に認定された。2021 年の「宇宙からのショパン生演奏」動画などで YouTube クリエイターアワードを受賞。2022 年 6 月、JAXA 退職。現在は、合同会社未来圏代表、国際社会経済研究所理事、東京大学特任教授などを通し講演活動や大学での教育、研究活動を精力的に行う。

【STAFF】
取材・文　垂見和磨（ジャーナリスト）
ブックデザイン　加藤京子（sidekick）
撮影　倉本ゴリ（Pygmy Company）
スタイリング　山下貢理子（krc）
ヘア&メイク　鎌田亜利紗（アートメイク・トキ）
校正　鷗来堂
DTP　天満咲江（主婦の友社）
編集　氏家菜津美（主婦の友社）

宇宙飛行士《うちゅうひこうし》・野口聡一《のぐちそういち》の着陸哲学《ちゃくりくてつがく》に学《まな》ぶ
50歳《さい》からはじめる定年前退職《ていねんまえたいしょく》
2025 年 3 月 31 日　第 1 刷発行

著　者　野口聡一《のぐちそういち》
発行者　大宮敏靖
発行所　株式会社主婦の友社
〒141-0021 東京都品川区上大崎 3-1-1 目黒セントラルスクエア
電話03-5280-7537（内容・不良品等のお問い合わせ）
049-259-1236（販売）
印刷所　中央精版印刷株式会社

ISBN978-4-07-460693-1

■本のご注文は、お近くの書店または主婦の友社コールセンター（電話 0120-916-892）まで。
＊お問い合わせ受付時間　月～金（祝日を除く）　10:00 ～ 16:00
＊個人のお客さまからのよくある質問のご案内　https://shufunotomo.co.jp/faq/